Iris Füssenich · Cordula Löffler

Materialheft Schriftspracherwerb

Einschulung, erstes und zweites Schuljahr

Mit 28 Kopiervorlagen

2., überarbeitete Auflage

Ernst Reinhardt Verlag München Basel

Dr. *Iris Füssenich*, Professorin für den Förderschwerpunkt Sprache und Kommunikation an der Fakultät für Sonderpädagogik der Pädagogischen Hochschule Ludwigsburg mit Sitz in Reutlingen

Dr. *Cordula Löffler*, Professorin für Sprachliches Lernen an der Pädagogischen Hochschule Weingarten

Titelfoto: Bilderbox
Die Zeichnungen auf den Seiten 22, 26–29, 35, 36, 40, 41, 46, 47, 52, 56, 59 stammen von Maike Küppers.

Bibliografische Information der Deutschen Bibliothek

Die Deutsche Bibliothek verzeichnet diese Publikation in der Deutschen Nationalbibliografie; detaillierte bibliografische Daten sind im Internet über <http://dnb.ddb.de> abrufbar.
ISBN 978-3-497-02116-1

Printed in Germany
Reihenkonzeption Umschlag: Oliver Linke, Augsburg
Satz: Fotosatz Reinhard Amann, Aichstetten
Druck und Bindung: Kessler Druck + Medien, Bobingen

Ernst Reinhardt Verlag, Kemnatenstr. 46, D-80639 München
Net: www.reinhardt-verlag.de Mail: info@reinhardt-verlag.de

Inhalt

Vorwort

Wenn Kinder in die Schule kommen, befinden sie sich an unterschiedlichen Stationen auf dem Weg zur Schrift. Dies betrifft ihre Zugriffsweisen, ihre Vorstellungen von Schrift und ihr individuelles Lernverhalten.

Unterricht muss die Voraussetzungen der Kinder von Anfang an berücksichtigen. Um eine angemessene Passung zu erzielen, benötigen Lehrerinnen Beobachtungsaufgaben, die sie zu Beginn des ersten Schuljahres und unterrichtsbegleitend bis zum Ende des zweiten Schuljahres einsetzen können.

Das vorliegende Materialheft enthält Beobachtungsaufgaben und Durchführungshinweise für die Einschulung und die ersten beiden Schuljahre. Es richtet sich an Lehrende und Studierende von Lehramtsstudiengängen (Grund- und Sonderschulen), Lehrerinnen von Grund- und Sonderschulen sowie Seminarleiterinnen der zweiten Ausbildungsphase. Im dazugehörigen Buch werden theoretische Grundlagen zum Schriftspracherwerb erläutert und Konsequenzen für die Förderung dargestellt.

Durch die Einrichtung von Forschungs- und Nachwuchskollegs (FuN-Kollegs) an Pädagogischen Hochschulen von Baden-Württemberg konnten wir im Rahmen unseres FuN-Teilkollegs „Prävention von Analphabetismus in den ersten beiden Schuljahren“ die Lern- und Lehrprozesse ausgewählter Klassen von der Einschulung bis an das Ende des zweiten Schuljahrs begleiten. Wir danken dem Ministerium für Wissenschaft, Forschung und Kunst Baden-Württemberg, dem Ministerium für Kultus, Jugend und Sport Baden-Württemberg sowie den Pädagogischen Hochschulen Ludwigsburg und Schwäbisch Gmünd für die finanzielle und personelle Ausstattung.

Lehrerinnen und Kinder haben uns einen Einblick in ihren schulischen Alltag gewährt. Von ihnen haben wir viel gelernt und hoffen, dass das Vertrauen, das die Eltern uns entgegen gebracht haben, auch anderen Kindern und Lehrerinnen zugute kommt.

Unser Dank gilt allen Kolleginnen und Kollegen aus dem FuN-Kolleg – Gertrud Binder, Claudia Crämer, Ulrike Graf, Carsten Gehring, Claudia Husen, Regine Morys, Edeltraud Röbe, Annegret von Wedel-Wolff und Manfred Wespel – sowie unseren fachlichen Beraterinnen und Beratern – Hans Brügelmann, Mechthild Dehn, Peter May und Sigrun Richter. Durch ihre Rückmeldungen und kritischen Fragen erhielten wir wertvolle Anregungen.

Wir danken Claudia Crämer für Leseaufgaben, die sie für das FuN-Kolleg entwickelt und uns für dieses Buch zur Verfügung gestellt hat.

Ohne unsere Studierenden und vor allem ohne unsere studentischen und wissenschaftlichen Hilfskräfte hätten wir das Projekt nicht durchführen können. Ihr Engagement und ihre Fachkompetenz waren uns eine große Stütze.

Die wunderbaren Zeichnungen für unsere Aufgaben stammen von Maike Küppers.

Wir benutzen im Folgenden wegen der besseren Lesbarkeit ausschließlich weibliche Personen- bzw. Berufsbezeichnungen. Es sind selbstverständlich jeweils Männer ebenso angesprochen. Begriffe wie Lehrerfortbildung und Lehrerhilfen werden allerdings als feststehende aufgefasst und verwendet.

Reutlingen und Weingarten, im Mai 2009
Iris Füssenich, Cordula Löffler

1 Einleitung

Das vorliegende Materialheft enthält die im Buch „Schriftspracherwerb. Einschulung, erstes und zweites Schuljahr“ vorgestellten Beobachtungsaufgaben mit Anleitungen und Auswertungsübersichten. Es handelt sich um Instrumentarien zur Lernstandsbeobachtung, die sich an Entwicklungsmodellen des Schriftspracherwerbs orientieren. Auf diese Weise wird es möglich, den Entwicklungsstand jedes einzelnen Kindes detailliert zu erfassen sowie Fördermaßnahmen abzuleiten.

Erprobt und teilweise auch entwickelt wurden diese Beobachtungsmaterialien im Projekt „Prävention von Analphabetismus in den ersten beiden Schuljahren“, einem Teilkolleg des Forschungs- und Nachwuchskollegs (FuN-Kolleg) „Lehr- und Lernprozesse bei der Ausbildung und Entwicklung von Lese- und Schreibfähigkeit in der Primarstufe“, das Anfang 2000 an den Pädagogischen Hochschulen Ludwigsburg und Schwäbisch Gmünd begonnen hat. Ziel des FuN-Teilkollegs ist es, Lehrenden die Unterschiede in der kindlichen Entwicklung im Hinblick auf den Schrifterwerb sichtbar zu machen, damit diese Unterschiede im Unterricht angemessen berücksichtigt werden können.

In chronologischer Reihenfolge verteilen sich die vorliegenden Beobachtungsaufgaben für Klasse 1 und 2 wie in Tabelle 1 und 2 dargestellt. Die Zeiteinteilung in den Tabellen richtet sich nach dem Schuljahr in Baden-Württemberg. Beginnt die Schule eher, so sollten die Beobachtungsaufgaben entsprechend vorgezogen werden. Im Anhang befinden sich zudem zwei Vorlagen zur Erhebung von Zusatzinformationen zu den Schülerinnen und Schülern.

Informationen zu den Schulanfängerinnen und Schulanfängern

Name der Schülerin/des Schülers: ______

Klassenlehrer/in: ______ Klasse: ______
Schule: ______ Datum: ______
Geschwisteranzahl: ______
Erstsprache: ______
Familiensprache: ______
Weitere Sprache(n): ______
Herkunftsland der Familie: ______
Aufgewachsen in: ______
In Deutschland seit: ______

Elementarbereich:
Besuch eines (Sonder-)Kindergartens ○ ja ○ nein
Zurückstellung ○ ja ○ nein
Grundschulförderklasse („Vorklasse“) ○ ja ○ nein
Wiederholung einer Klasse ○ ja ○ nein
Therapie/Förderung (Sprachförderung/-therapie, Ergotherapie usw.) ○ ja ○ nein
Wenn ja, welche? ______
Förderung in der Erstsprache ○ ja ○ nein

Förderung parallel zur Einschulung:
Nachhilfe ○ ja ○ nein
Sonstige Therapien / Förderung? ○ ja ○ nein
Wenn ja, welche? ______
Was Ihnen bei diesem Kind noch wichtig ist ______

Kopiervorlage 1

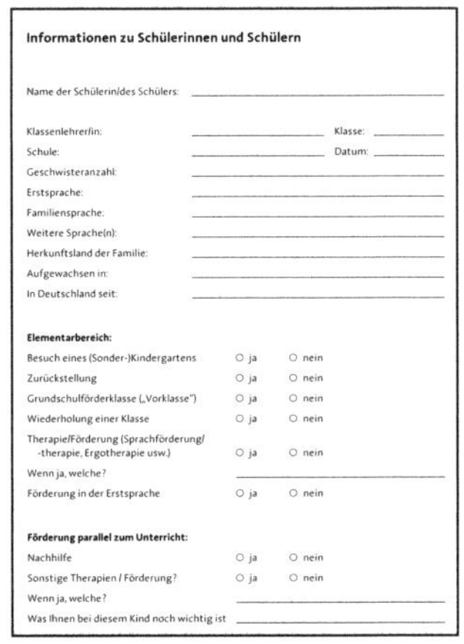

Informationen zu Schülerinnen und Schülern

Name der Schülerin/des Schülers: ______

Klassenlehrer/in: ______ Klasse: ______
Schule: ______ Datum: ______
Geschwisteranzahl: ______
Erstsprache: ______
Familiensprache: ______
Weitere Sprache(n): ______
Herkunftsland der Familie: ______
Aufgewachsen in: ______
In Deutschland seit: ______

Elementarbereich:
Besuch eines (Sonder-)Kindergartens ○ ja ○ nein
Zurückstellung ○ ja ○ nein
Grundschulförderklasse („Vorklasse“) ○ ja ○ nein
Wiederholung einer Klasse ○ ja ○ nein
Therapie/Förderung (Sprachförderung/-therapie, Ergotherapie usw.) ○ ja ○ nein
Wenn ja, welche? ______
Förderung in der Erstsprache ○ ja ○ nein

Förderung parallel zum Unterricht:
Nachhilfe ○ ja ○ nein
Sonstige Therapien / Förderung? ○ ja ○ nein
Wenn ja, welche? ______
Was Ihnen bei diesem Kind noch wichtig ist ______

Kopiervorlage 2

Tab. 1: Beobachtungsaufgaben im ersten Schuljahr

Beobachtungsaufgaben für die Einschulung		
Monat	*Bereich*	*Beobachtungsaufgabe*
September (Einschulung)	Wahrnehmung von Schrift	Gezinktes Memory Embleme lesen
	Kenntnis von Begriffen	Leeres Blatt Zeichen kategorisieren
	Einsicht in den Aufbau von Schrift	Reime erkennen Silbensegmentierung Phonemanalyse (Anlaute)
Unterrichtsbegleitende Beobachtungsaufgaben: erstes Schuljahr		
Monat	*Bereich*	*Beobachtungsaufgabe*
Dezember	Orthographie	Lernbeobachtung Schreiben „November" (Dehn/Hüttis-Graff 2006)
	Lesen	Lernbeobachtung Lesen „November" (Dehn/Hüttis-Graff 2006)
Januar	Orthographie	Anlautaufgabe
Februar	Orthographie	Lernbeobachtung Schreiben „Januar" (Dehn/Hüttis-Graff 2006)
April	Lesen (Sinnverständnis)	Tierrätsel 1 (Crämer 2000)
Mai	Verfassen von Texten	Leeres Blatt
Juni	Orthographie	Lernbeobachtung Schreiben „Mai" (Dehn/Hüttis-Graff 2006)

Tab. 2: Beobachtungsaufgaben im zweiten Schuljahr

Unterrichtsbegleitende Beobachtungsaufgaben: zweites Schuljahr		
Monat	*Bereich*	*Beobachtungsaufgabe*
Oktober	Orthographie	Hamburger Schreib-Probe (HSP 1-E1) (May 2002)
November	Lesen (Sinnverständnis)	Leseaufgabe „Fisch" (Crämer 2000)
Dezember	Verfassen von Texten	„Das mag ich! Das mag ich nicht!"
Januar	Orthographie	Alphabetisches Schreiben
März	Wissen über Sprache (Sprachreflexion)	Einsicht in den Aufbau von (Schrift-)Sprache Kenntnis von Begriffen
April	Verfassen von Texten	Leeres Blatt
	Lesen (Taktiken des Lesens)	Tierrätsel 2 (Crämer 2000)
Mai (zusätzlich)	Verfassen von Texten	„Schellen-Engel" von Paul Klee (Rabkin 1992)
Juni	Lesen (Sinnverständnis)	Sachtext „Feuerwehr" (Crämer)

2 Beobachtungsaufgaben für die Einschulung

Die Beobachtungsaufgaben für die Einschulung können in den ersten Schulwochen im September durchgeführt werden. Lediglich die Aufgabe „Leeres Blatt“ sollte bereits in der ersten Schulwoche eingesetzt werden. Ziel ist die Erfassung der sprachlich-kognitiven Fähigkeiten von Kindern in den Bereichen *Wahrnehmung von Schrift*, *Kenntnis von Begriffen* sowie *Einsicht in den Aufbau von Schrift* (Füssenich/Löffler 2008, Kapitel 2). Zu diesen drei Bereichen gibt es im Folgenden Beobachtungsaufgaben:

Wahrnehmung von Schrift	Gezinktes Memory, Embleme lesen
Kenntnis von Begriffen	Leeres Blatt, Zeichen kategorisieren
Einsicht in den Aufbau von Schrift	Reime erkennen, Silbensegmentierung, Phonemanalyse (Anlaute)

Zur Durchführung müssen Protokollbögen für jedes Kind der Klasse zur Verfügung stehen. Außerdem werden folgende Materialien benötigt: fünf Schachteln mit Bildkarten, drei leere Schachteln, ein farbiger Bogen mit Emblemen und zwölf Spielsteine.

Sie sollten sich mit den Materialien und den Anweisungen so vertraut machen, dass Sie sich in der Durchführung sicher fühlen und auch die Formulierungen kennen, um sich in der Situation dann umso mehr auf das Kind konzentrieren zu können.

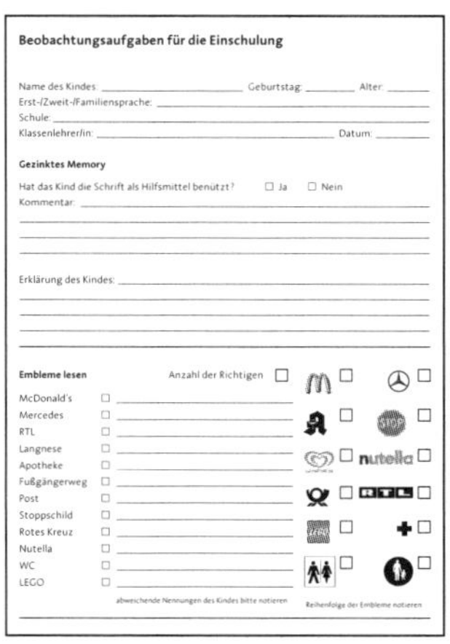
Beobachtungsaufgaben für die Einschulung

Name des Kindes: ____ Geburtstag: ____ Alter: ____
Erst-/Zweit-/Familiensprache: ____
Schule: ____
Klassenlehrer/in: ____ Datum: ____

Gezinktes Memory

Hat das Kind die Schrift als Hilfsmittel benützt? ☐ Ja ☐ Nein
Kommentar: ____

Erklärung des Kindes: ____

Embleme lesen Anzahl der Richtigen ☐

McDonald's ☐
Mercedes ☐
RTL ☐
Langnese ☐
Apotheke ☐
Fußgängerweg ☐
Post ☐
Stoppschild ☐
Rotes Kreuz ☐
Nutella ☐
WC ☐
LEGO ☐

abweichende Nennungen des Kindes bitte notieren

Reihenfolge der Embleme notieren

Kopiervorlage 9

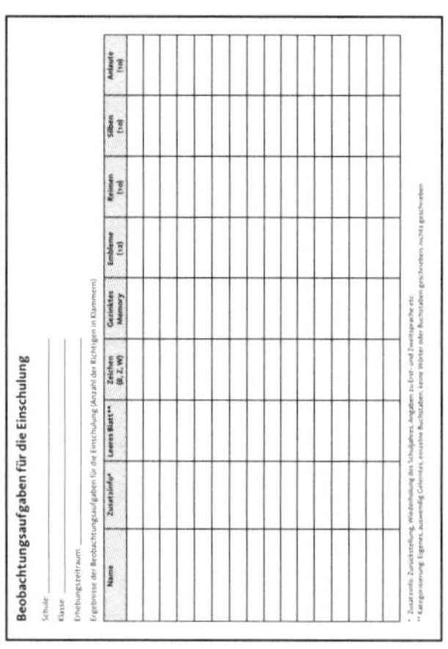

Kopiervorlage 10

Kontrollieren Sie jeweils, ob alle Materialien vollständig sind, und besonders auch, ob die benötigten Karten in der richtigen Reihenfolge sortiert sind.

Die Anweisungen sind nur inhaltlich bindend, nicht in der Form.

2.1 Gezinktes Memory

Material: 14 Kartenpaare

Kopiervorlage 3

Arbeitsanweisung: „Hier ist ein besonderes Memory, das möchte ich mit dir spielen.“ Die Lehrerin mischt zusammen mit dem Kind die Karten und legt sie im Viereck so aus, dass das Schriftbild auf der Rückseite der Bildkarten vom Kind aus nicht zu „lesen“ ist, d.h. gedreht in einem 90°-Winkel. Die Lehrerin folgt den Spielregeln des Kindes (z.B. deckt die erste Karte gleich auf und sucht dann die zweite Karte). Dabei dürfen keinerlei Hinweise auf die Schrift gegeben werden. Kinder, die sich während des Spiels an der Schrift orientiert haben, werden am Ende nach ihrer Strategie gefragt, z.B.: „Sag doch mal, wie du so schnell die Paare gefunden hast!“

Protokoll und Auswertung:

- Ankreuzen, ob sich das Kind an der Schrift orientiert.
- Unter „Kommentar“ festhalten, ob sich das Kind durchgängig, d.h. schon zu Beginn an der Schrift orientiert, oder ob es diese eher sporadisch, einmalig, ganz zum Schluss oder gar nicht wahrnimmt.
- Die „Erklärung“ des Kindes wird schriftlich festgehalten.

2.2 Embleme lesen

Material: Arbeitsblatt mit 12 Emblemen (mit und ohne Schrift), 12 Spielsteine

Arbeitsanweisung: „Einiges auf dem Blatt hast du sicher schon mal gesehen. Was kennst du?“ Die

Kopiervorlage 4

Lehrerin wartet ab, ob das Kind die Initiative ergreift. Ansonsten deutet sie auf ein beliebiges Emblem und fragt: „Was ist das? Kennst du das?“ Besprochene Embleme werden mit einem Spielstein markiert. Beendet das Kind von sich aus die Benennungen, zeigt die Lehrerin auf die noch nicht besprochenen Embleme und fragt nach: „Kennst du dies(e) auch?“ Sonst hält sich die Lehrerin mit Anregungen zurück.

Protokoll und Auswertung:

- Auf dem Protokollbogen werden zunächst die Nennungen des Kindes und die Reihenfolge der Embleme (Kästchen neben den Bildern) notiert.
- Später werden diese Nennungen nach oben übertragen. Zusätzlich ist die Anzahl der richtig benannten Embleme zu notieren.

Als richtig gelten folgende Nennungen:

McDonald's	McDonald's, Pommes, Hamburgerschild, Restaurant, Café
Mercedesstern	Mercedesstern, Mercedes, Auto, sämtliche Automarken, Hochzeitsauto, Schild für's Auto
RTL	RTL, Werbung, Fernsehen, Fernsehkanal, -sender, Sport, Programm, Sendung, Name einer Sendung oder eines Senders, Film
Langnese	Langnese, Eis, (Eis-)Laden, Eisdiele, -wagen, -zeichen, Pizzeria, Name einer Eissorte, Restaurant, da kann man Eis kaufen, Eisverkäufer
Apotheke	Apotheke, Medizin, da kriegt man Saft/Medizin/Tabletten, wenn man krank ist
Fußgängerweg	Fußgängerweg, Schild und Umschreibung (aus der Umschreibung sollte hervorgehen, dass das Kind nicht nur das abgebildete Bild beschreibt, sondern wirklich eine Vorstellung von dem Verkehrszeichen auf der Straße hat), Fußgänger, -zeichen, -schild, Verkehrszeichen, Straßenschild
Post	Post(-haus), Bank, Briefkasten, Briefträger, Postmann, Postauto, wo man Briefe/Pakete hinbringt
STOP	Stoppschild, stoppen, anhalten, stehen bleiben, Vorfahrt achten
Nutella	Nutella, Schokolade, Duplo, Kinderriegel, Kinderschokolade, für Kinder zum Essen, das hab ich gegessen
Rotes Kreuz	Rotes Kreuz, Krankenwagen, Krankenhaus, Doktor, vom Arzt, Notarzt, Sanitäter, Unfall-Klinik, wenn man krank ist
Damen/Herren	WC, Klo, Umkleide(-kabine), Toilette, da dürfen Männer/Frauen rein
LEGO	LEGO, Spielsachen, zum Spielen

Reine Bildbeschreibungen werden in keinem Fall als richtig bewertet.

2.3 Leeres Blatt

Zeitpunkt der Durchführung: erste Schulwoche, Wiederholung im Mai (erstes Schuljahr) und April (zweites Schuljahr)

Vorgehensweise bei der Einschulung:

Material: leeres Blatt (DIN A4), besonderer Schreibstift, „Briefkasten“

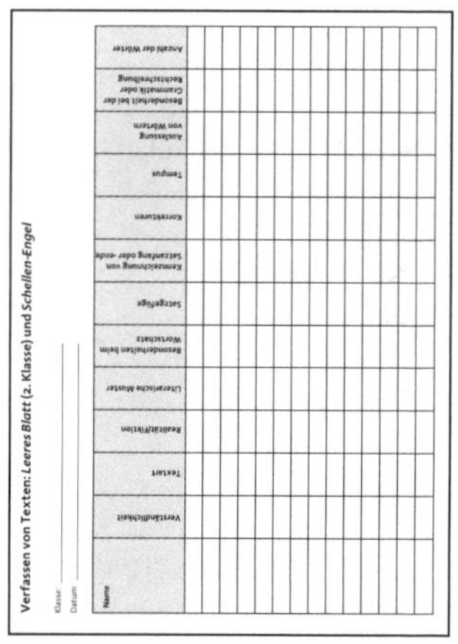

Kopiervorlage 26

Arbeitsform: Kind geht allein, am besten zu einem selbst gewählten Zeitpunkt, in ein „Schreibstudio“ bzw. eine „Schreibecke“

Arbeitsanweisung: Die Lehrerin erklärt die Aufgabe der ganzen Klasse: „Viele von euch können schon ihren Namen schreiben. Schreibt ihn doch bitte auf das Blatt. Und schreibt doch bitte noch mehr auf, wenn ihr möchtet. Ihr dürft auch etwas dazu malen.“ Jedes Kind nimmt sich so viel Zeit, wie es möchte und legt sein beschriebenes Blatt in den Briefkasten. Die Lehrerin versieht das Blatt mit Datum und Namen des Kindes (falls es das nicht selbst getan hat).

Protokoll und Auswertung: Das Geschriebene wird bei den einzelnen Kategorien eingetragen.

Kategorien der Auswertung:

- Eigenes geschrieben: Als „Eigenes" gelten nur Wörter und Sätze, die nicht abgeschrieben oder durch den Unterricht bekannt sind, zudem Wörter und Sätze, aus denen eindeutig hervorgeht, dass diese vom Kind selbst konstruiert wurden (durch die Art der Verschriftungen).
- Auswendig Gelerntes geschrieben: Die Namen der Kinder, deren Geschwister, Klassenkameradinnen sowie Wörter und Namen, die aus dem Unterricht bekannt sind.
- einzelne Buchstaben geschrieben
- keine Wörter oder Buchstaben geschrieben
- nichts geschrieben

2.4 Zeichen kategorisieren

526	5	1	21
936	87	K	S
D	A	E	R
HAUS	SONNE	BALL	LATERNE
MAMA	APFEL		

Kopiervorlage 5

Material: 18 Karten mit je 6 Buchstaben, Zahlen und Wörtern, 3 Schachteln

Arbeitsanweisung: Die Karten liegen gemischt und nicht sichtbar auf einem Stapel.

„Hier sind viele verschiedene Karten mit Zeichen. Die Karten kann man sortieren. Siehst du einen Buchstaben, kommt die Karte in diese Schachtel.	Die Lehrerin deutet auf die erste Schachtel.
Siehst du eine Zahl, kommt die Karte in diese Schachtel.	Die Lehrerin deutet auf die zweite Schachtel.
Siehst du ein Wort, kommt die Karte in diese Schachtel."	Lehrerin deutet auf die dritte Schachtel.
Danach wird dies nochmals kurz wiederholt: „In diese Schachtel kommt der Buchstabe, in diese Schachtel die Zahl und in diese Schachtel das Wort."	Lehrerin deutet jeweils auf die entsprechende Schachtel.
„Was siehst du auf der Karte?"	Nach dieser Einführung nimmt die Lehrerin die erste Karte vom Stapel. Sie wartet zunächst die Antwort des Kindes ab.
„Ist das ein Buchstabe, eine Zahl oder ein Wort?"	Wenn sich das Kind nicht äußert, deutet sie jeweils auf die entsprechende Schachtel. Hat das Kind sich für eine Schachtel entschieden, wird die Karte mit der Schrift nach unten in die Schachtel gelegt.
„Mach es einfach so, wie du denkst!"	Fragen nach der Bedeutung von Zahl, Buchstabe und Wort werden nicht beantwortet, sondern nur kommentiert.

Protokoll und Auswertung:

- Auf dem beigefügten Protokollbogen wird die Zuordnung der einzelnen Zeichen festgehalten.
- Am Ende werden die als richtig bewerteten Kategorien eingetragen.
- Richtige Kategorien: Eine Kategorie ist richtig, wenn ihr nicht mehr als zwei falsche Zeichen zugeordnet wurden. Zudem dürfen auch nicht mehr als zwei Zeichen dieser Kategorie den beiden anderen Kategorien zugeordnet sein.
  Folgende Beispiele sollen die Bewertung erleichtern:

Bewertung:

- Kategorie Zahl gilt als richtig eingeordnet: 21, 526, 87, 5, Haus, K
- Kategorie Zahl gilt als nicht richtig eingeordnet: 21, 526, 87, 5, Haus, K, L

2.5 Reime erkennen

Material: 11 Kartentripel mit je einem Reimpaar und einem semantischen „Ablenker“

Kopiervorlage 6

Arbeitsanweisung:

„Wal, Schal, Mütze“. Welche Wörter hören sich fast gleich an?“	Die Lehrerin führt an dem ersten Tripel die Aufgabe vor, legt jeweils eine Karte und benennt diese.
	Die Lehrerin denkt nach.
„Ach ja, Wal und Schal. Mütze hört sich anders an.“	Die Lehrerin legt das Reimpaar zusammen mit der dritten Karte weg.
„Jetzt probier du mal das nächste!“	Die Lehrerin legt die drei Bilder in der vorgegebenen Reihenfolge und das Kind benennt sie nacheinander. Benennt es ein Bild falsch oder gar nicht, ergänzt die Lehrerin das gedachte Wort.
„Welche Wörter hören sich fast gleich an?“	Anschließend fordert die Lehrerin das Kind auf, zu benennen, welche Wörter fast gleich klingen.
	Falls das Kind lediglich auf die Karten zeigt, wird es aufgefordert, die gleich klingenden Wörter noch einmal zu benennen.

Protokoll und Auswertung:

- Nur abhaken, wenn das Reimpaar gefunden wurde.
- Am Ende die Anzahl der richtig gelösten Aufgaben vermerken.
- Bei „Kommentar“ kann notiert werden, ob das Kind sicher und schnell oder unsicher und zögerlich gearbeitet hat. Ebenso sollte aufgeschrieben werden, wenn semantische Schwierigkeiten aufgetreten sind.

2.6 Silbensegmentierung

Material: 13 Bildkarten mit verschiedenen Bildern

Kopiervorlage 7

Arbeitsanweisung: Die Karten liegen verdeckt und geordnet in einem Stapel. Die Lehrerin nimmt die oberste Karte vom Stapel, schaut sie sich an und sagt zu dem Kind: „Hier ist eine Banane. Banane kann ich auch anders sprechen: Ba-na-ne (zu den einzelnen Silben mit der Hand Bögen schwingen). Kannst du das Wort auch so sprechen wie ich und dazu Bögen schwingen?“

Wenn das Kind das Beispiel richtig wiederholt, wird das zweite Beispiel zusammen durchgeführt. Segmentiert das Kind das Beispiel nicht korrekt, wird ihm die richtige Segmentierung noch einmal vorgemacht und es wird zum Wiederholen aufgefordert. (Das Kind darf auch ohne Bögen zu schwingen segmentieren.)

Beim einsilbigen Wort muss erklärt werden: „Bei Hund kann ich nur einmal schwingen.“

Nach den drei Übungsbeispielen werden dem Kind keine weiteren Hilfestellungen gegeben. Deshalb sollte die Lehrerin sicher sein, dass dem Kind die Aufgabe klar ist.

Protokoll und Auswertung:

- Die korrekte Segmentierung wird durch einen Haken festgehalten. Wenn ein Kind eine Silbe auslässt, wird diese auf dem Protokoll durchgestrichen.
- Bei völlig abweichender Lösungsvariante diese bitte hinter dem Feld festhalten.
- Weiterhin können Besonderheiten im sprachlichen Verhalten im Kommentar festgehalten werden.
- Am Ende der Durchführung wird die Anzahl der richtigen Segmentierungen in dem entsprechenden Feld notiert.

2.7 Phonemanalyse (Anlaute)

Kopiervorlage 8

Material: 12 Bildkarten mit verschiedenen Bildern

Arbeitsanweisung: Die Karten liegen verdeckt in der richtigen Reihenfolge in einem Stapel auf dem Tisch. Die Lehrerin nimmt die erste Karte und fragt das Kind: „Was ist das?“ Das Kind antwortet: „Ein Dach.“ Anschließend fragt die Lehrerin das Kind: „Hörst du d bei Dach?“ (Bitte unbedingt lautieren, nicht buchstabieren!)

Ebenso wird das zweite Beispiel durchgeführt. Bei den Übungsbeispielen werden falsche Antworten noch berichtigt. Falls das Kind ein Bild anders benennt oder mit mehreren Worten beschreibt, wird der richtige Begriff von der Lehrerin genannt. Folgende Anlaute sollten genannt werden:

d – Dach	i – Igel
o – Ente (Übungsitems)	p – Pinsel
e – Maus	r – Oma
s – Sonne	l – Leiter
a – Ameise	t – Giraffe
f – Hund	m – Löwe

Beispiel:
Kind: Spinne.
Lehrerin: Das ist eine Ameise. Eine Spinne sieht so ähnlich aus.

Protokoll und Auswertung:

- Die entsprechende Antwort des Kindes wird angekreuzt.
  Gibt das Kind einen Kommentar zu einem Wort ab, wird dieser ebenfalls notiert.
- Abschließend wird die Anzahl der richtigen Antworten im Kästchen notiert.

3 Beobachtungsaufgaben für das erste Schuljahr

3.1 Anlautaufgabe

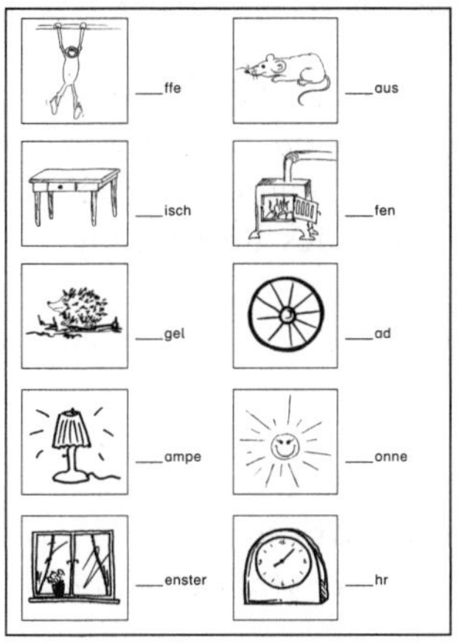

Kopiervorlage 12

Kopiervorlage 13

Zeitpunkt der Durchführung: Januar

Ziel: Ermittlung der Fähigkeit, Anlaute zu verschriften (Füssenich/Löffler 2008, 3.3.1)

Durchführungshinweise: Bei dieser Aufgabe sollen nur die im Unterricht eingeführten Graphem-Phonem-Korrespondenz-Regeln (GPK-Regeln) überprüft werden, d.h. die Bilder und Wörter müssen gegebenenfalls ausgetauscht werden. Zu jedem eingeführten Buchstaben gibt es zwei Bilder mit entsprechenden Wörtern.

Die Schülerinnen sollen beide Arbeitsblätter selbstständig bearbeiten. Sie erhalten den Hinweis, dass jeweils der erste Buchstabe einzusetzen ist. Dabei dürfen sie ihre Anlauttabelle verwenden.

3.2 Lesen (Sinnverständnis): Tierrätsel 1

Zeitpunkt der Durchführung: April

Ziel: Überprüfung des sinnverstehenden Lesens (Füssenich/Löffler 2008, 3.2.3)

Benötigte Materialien:
- gelbe Textkarte, 6 grüne Wortkarten
- Kassettenrekorder mit externem Mikrofon und Audiokassetten
- Auswertungsraster für jedes Kind
- Bleistift und Radiergummi

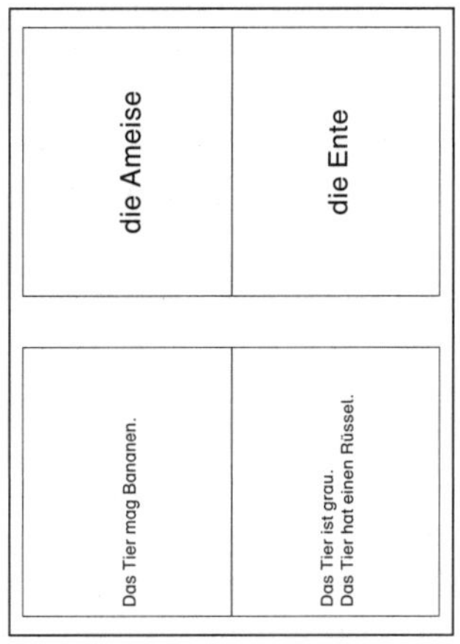

Kopiervorlage 14

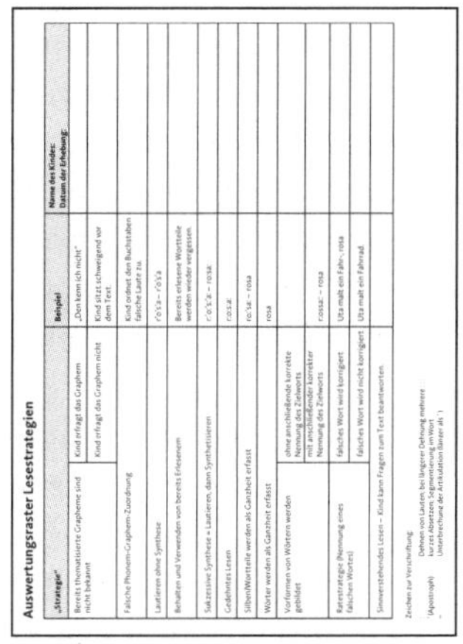

Kopiervorlage 11

Arbeitsanweisung (nur inhaltlich bindend): „Ich habe ein Rätsel für dich. In dem Rätsel geht es um Tiere. Sag mir mal ein paar Tiere, die du kennst!"

Die Lehrerin legt die Textkarte vor das Kind. „Auf der gelben Karte stehen zwei Rätsel. Lies die Rätsel und suche die richtigen Tiere!" Die Lehrerin legt sechs Wortkarten rechts neben die Textkarte. „Auf den grünen Karten stehen Tiernamen. Hier sollst du die richtigen Tiere heraussuchen. Nur zwei sind richtig und die anderen sind falsch. Leg die richtigen Karten auf die große gelbe Karte! Wenn du etwas noch nicht allein schaffst, kannst du mich fragen. Ich helfe dir. Am Schluss kannst du kontrollieren, ob du richtig gelesen hast. Wenn du die beiden grünen Karten umdrehst, ist auf der anderen Seite ein Tier."

Das Kind liest die beiden Rätsel laut vor und sucht aus den Wortkarten die beiden richtigen Tiere heraus. Am Schluss überprüft das Kind seine Leseergebnisse durch das Umdrehen der Wortkarten.

Falsche Lösungen werden von der Lehrerin akzeptiert und nicht kommentiert, da das Kind bei der Selbstkontrolle am Schluss selbst auf Fehler aufmerksam werden kann. Bei falschen Lösungen ist es wichtig zu beobachten, wie das Kind mit dieser Rückmeldung umgeht. Startet es neue Leseversuche oder reagiert es hilflos oder frustriert? Wenn das Kind von sich aus keinen neuen Leseversuch beginnt, fordert die Lehrerin es dazu auf: „Lies das Rätsel noch einmal!"

Interaktion zwischen Lehrerin und Kind während des Lesens: Die Bearbeitung der Leseaufgabe wird als fördernde Dialogsituation gesehen, die Hinweise dafür gibt, wie ein Kind mit Angeboten der Hilfe umgehen kann. Grundsätzlich sollen alle

Hinweise Hilfen zur Selbsthilfe sein. Das Kind wird ermutigt, selbstständig vorzugehen.

Zunächst soll dem Kind Zeit für eigenständige Versuche und Korrekturen gegeben werden und nicht zu schnell mit einer Hilfestellung reagiert werden. Wenn beim Lösen des Rätsels zunächst eine falsche Wortkarte gewählt wird, soll nicht eingegriffen werden, um die Vorgehensweise des Kindes bei der Rückmeldung durch die Selbstkontrolle beobachten zu können.

Folgende Formen der Hilfestellung haben sich als hilfreich erwiesen:

- Rückmeldung/Impuls ohne zusätzliche Sachinformation: „Versuch es noch einmal!“, „Schau dir das Wort noch einmal an!“
- Steuernde Hinweise: „Wie heißt der erste Buchstabe?“, „Ich zeige dir jetzt nur die ersten beiden Buchstaben/die erste Silbe.“ (Rest des Wortes abdecken, z. B. bei Ba-na-ne), „Wie könnte das Wort heißen?“, „Lies noch einmal, was du bis jetzt gelesen hast!“
- Informierende Hilfen: Gelingt es einem Kind nicht, von der Wortvorform zum sinnvollen Wort zu kommen, kann man Hinweise auf die Bedeutung geben, z. B.:

  Banane: „Das frisst das Tier gern.“ oder „Das ist ein Obst.“
  grau: „Da steht, welche Farbe das Tier hat.“
  Rüssel: „So nennt man die Nase des Tieres.“

  Gelingt es einem Kind trotz mehrmaliger Versuche nicht, ein Wort zu erlesen, ist es sinnvoll, dieses Wort einfach zu sagen, damit das Lesen weitergeht.

  Eine gute Hilfestellung ist auch, wenn man das wiederholt, was das Kind schon gelesen hat, um so eine Sinnstütze zu geben.

  Zeigt das Kind Unsicherheiten bei Buchstaben, können sie genannt werden, z. B. das <ü> in Rüssel oder das <ie> bei Tier.
- Nonverbale Hilfen: Nonverbale Hilfen wie Kopfbewegungen (Nicken, Kopf schütteln) oder Zeigen mit dem Finger oder Stift können bei der Auswertung des Tonbandes nicht registriert werden. Daher sollten sie schriftlich festgehalten oder im Anschluss an das Lesen als Bemerkung auf das Band gesprochen werden.

Erläuterungen zum Auswertungsraster vgl. Füssenich/Löffler 2008, 3.3.3.

Anweisungen zur Materialherstellung: Kopieren Sie die Vorlagen auf weißes bzw. farbiges (festes) Papier. Wenn Sie farbiges Papier wählen, sollte die Rätselkarte eine andere Farbe haben als die sechs Lösungskarten mit den Tiernamen.

Das Lösungsbild wird auf die Rückseite der richtigen Lösungskarten *Affe* und *Elefant* kopiert, so dass jeweils die Hälfte des Bildes auf einer Karte abgebildet ist. Bei korrekter Lösung des Rätsels entsteht ein vollständiges Bild.

Zur besseren Haltbarkeit können alle Karten laminiert werden.

3.3 Fördermaterial: „Silbenboot mit Kapitän“ – Plakat zur Veranschaulichung

Kopiervorlage 15

Mit Hilfe des Bildes „Silbenboot mit Kapitän“ (Füssenich/Löffler 2008, 3.4.2) können Kinder daran erinnert werden, dass jede Silbe einen Vokal braucht. Zunächst lernen die Kinder die „Kapitäne“ *a, e, i, o* und *u* kennen, später lernen sie, dass es „starke Kapitäne“ (die Diphthonge *au, eu, ei* etc.) gibt. Zur Veranschaulichung der Umlautung aufgrund des morphologischen Prinzips (Stammprinzip: „Schreibe gleiche Wortbausteine gleich.“, z. B. <Hände> wegen <Hand>) wird ebenfalls ein Bild gewählt: hier „zieht sich der Kapitän um“ oder „setzt eine Mütze auf“. Die Doppelvokale <aa, ee, oo> und <ie> werden als „Zwillingskapitäne“ bezeichnet und manche „Kapitäne“ haben einen „stummen Diener“ (Dehnungs-h), der direkt hinter dem Kapitän steht. Die Konsonanten sind die „Passagiere“. Ein Boot kann ohne Passagiere fahren, aber es braucht einen Kapitän (z. B. *E-sel*).

4 Beobachtungsaufgaben für das zweite Schuljahr

4.1 Lesen (Sinnverständnis): Leseaufgabe „Fisch“

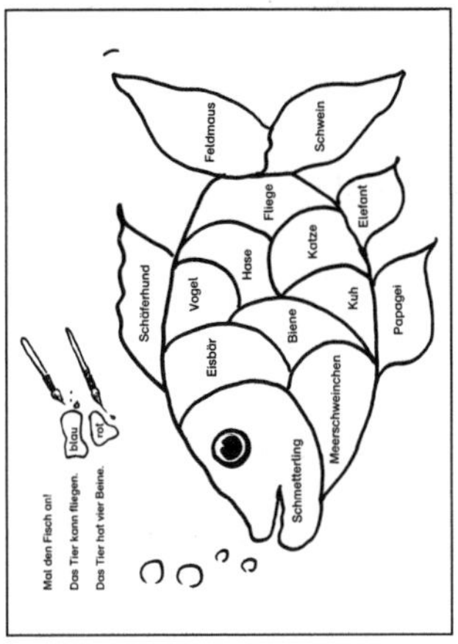

Kopiervorlage 16

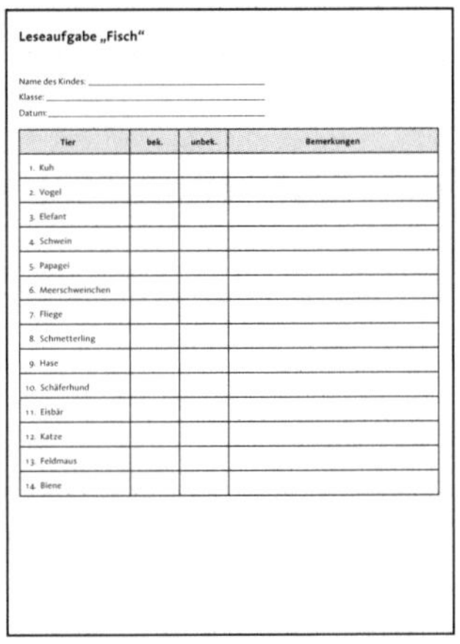

Kopiervorlage 17

Zeitpunkt der Durchführung: November

Ziel: Überprüfung des sinnverstehenden Lesens (Füssenich/Löffler 2008, 4.2.3)

Benötigte Materialien:
- Arbeitsblatt für jedes Kind
- rote und blaue Stifte

Arbeitsanweisung (nur inhaltlich bindend): Die Lehrerin zeigt dem Kind das Arbeitsblatt und die Farbstifte und erklärt die Aufgabe (kann auch vorab im Klassenverband geschehen):

„Hier ist ein Blatt für dich. Du sollst den Fisch anmalen! In dem Fisch stehen Tiernamen. Hier steht, wie du die Tiere in dem Fisch anmalen sollst. Du brauchst dafür die Farben blau und rot. Wenn du ein Tier nicht kennst, lass das Feld einfach weiß!“ (Alternative zum letzten Satz: „Wenn du ein Tier nicht kennst, malst du das Feld nicht aus!“)

Um Hinweise auf die Leseleistung des Kindes zu bekommen, bearbeitet das Kind die Aufgabe selbstständig ohne Hilfestellungen durch die Lehrerin oder andere Kinder der Klasse. Das Kind sollte allein sitzen und keine Möglichkeit haben, bei anderen Kindern abzuschauen.

4.2 Verfassen von Texten: „Das mag ich! Das mag ich nicht!“

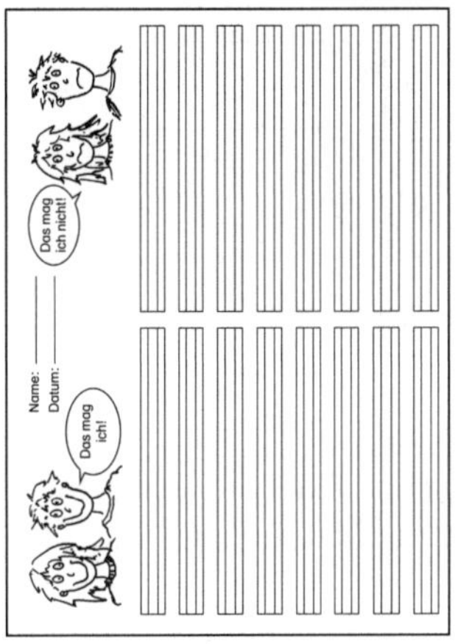

Kopiervorlage 18

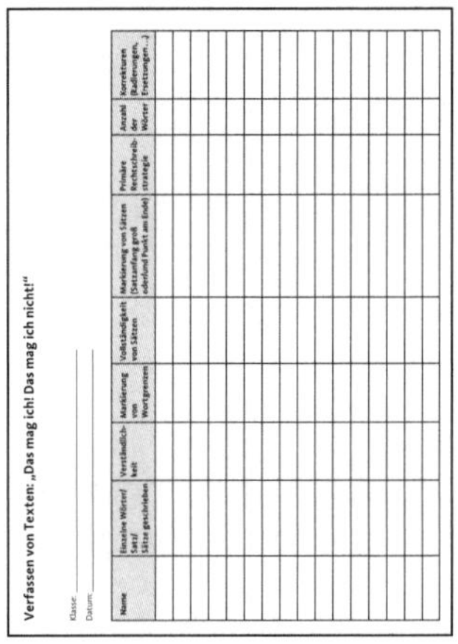

Kopiervorlage 19

Zeitpunkt der Durchführung: Dezember

Ziel: Ermittlung der Fähigkeiten beim eigenständigen Verschriften (Füssenich/Löffler 2008, 4.2.1)

Arbeitsanweisung: Die Anweisung kann einzeln oder für die gesamte Klasse erfolgen, etwa: „Jedes Kind bekommt von mir ein Blatt. Euren Namen schreibt ihr bitte oben auf die Linie! Wer möchte, kann auch das Datum dazuschreiben.

Auf der einen Seite steht: ‚Das mag ich!‘ Da schreibt ihr, was ihr gerne mögt! Auf der anderen Seite steht: ‚Das mag ich nicht!‘ Dort schreibt ihr, was ihr nicht mögt! Ihr dürft so viel schreiben, wie ihr möchtet!“

Den Kindern bitte keine weitere Hilfe geben. Wenn ein Kind zur Bearbeitung des Blattes eine Anlauttabelle oder andere Hilfsmittel nutzt, ist dies auf dem Arbeitsblatt zu vermerken.

4.3 Alphabetisches Schreiben

Zeitpunkt der Durchführung: Januar

Ziel: Ermittlung orthographischer Fähigkeiten, Schwerpunkt: Ausgewählte Fähigkeiten beim alphabetischen Schreiben (Füssenich/Löffler 2008, 4.2.2)

Arbeitsanweisung (muss nicht wörtlich genommen werden): „Ich habe euch heute eine Aufgabe mitge-

Kopiervorlage 20

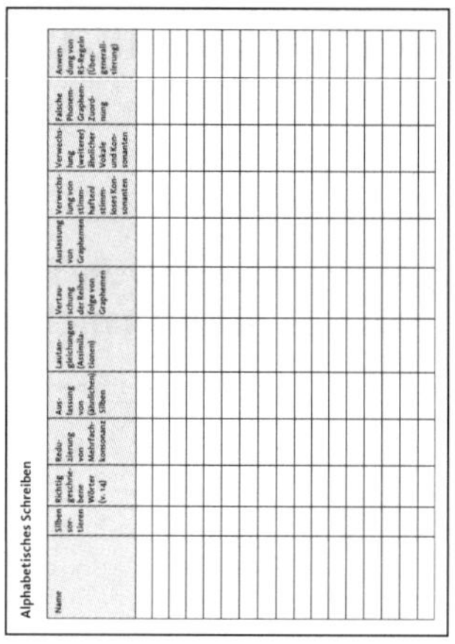

Kopiervorlage 21

bracht. Es sind zwei Blätter. Auf die erste Seite schreibt ihr bitte oben euren Namen und das Datum.

In den Kreisen neben den Bildern sind Silben. Aus diesen Silben sollt ihr die passenden Wörter zusammensetzen."

Eventuell ein Beispiel an der Tafel vorführen: Die Silben SCHUL RAN ZEN in einen „Kreis" an die Tafel schreiben und von einem Kind das Wort auf eine Linie daneben schreiben lassen.

„Was ist auf den Bildern? Welche Wörter sollen zusammengesetzt werden? *Regenschirm, Schmetterling, Geburtstagskuchen, Marmelade, Papagei.*

Auf der zweiten Seite sollt ihr die Wörter zu den Bildern schreiben. So etwas haben wir ja schon oft gemacht. Auf den Bildern seht ihr: *Fenster, Brot, Gurke, Schwein, Traktor, Schlange, Ananas, Gartenzwerg, Kreuz, Schokolade, Trompete, Krokodil, Drachen, Wurst.*

4.4 Wissen über Sprache (Sprachreflexion)

Zeitpunkt der Durchführung: März

Kopiervorlage 22

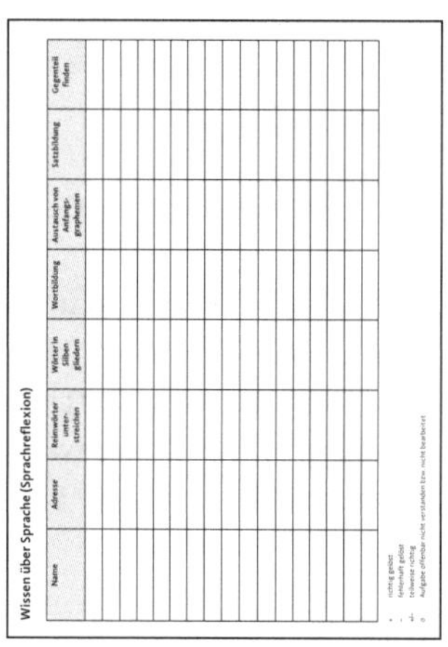

Kopiervorlage 23

Ziel: Ermittlung der Kenntnis grundlegender Begriffe und der Fähigkeit, Sprache zu gliedern (Füssenich/Löffler 2005, 4.2.4)

Durchführungshinweise: Die Schülerinnen sollen die Arbeitsblätter einzeln bearbeiten. Da auch festgestellt wird, ob und wie die Kinder die Aufgaben verstehen und umsetzen, sollte ihnen keine Hilfestellung gegeben werden.

4.5 Lesen (Taktiken): Tierrätsel 2

Zeitpunkt der Durchführung: April

Ziel: Ermittlung von Lesetaktiken und Überprüfung des sinnverstehenden Lesens (Füssenich/Löffler 2008, 4.2.3)

Kopiervorlage 24

Benötigte Materialien:

- gelbe Textkarte, 12 grüne Wortkarten, Anleitungsklappbuch
- Kassettenrekorder mit externem Mikrofon und Audiokassetten
- Auswertungsraster für jedes Kind
- Bleistift und Radiergummi

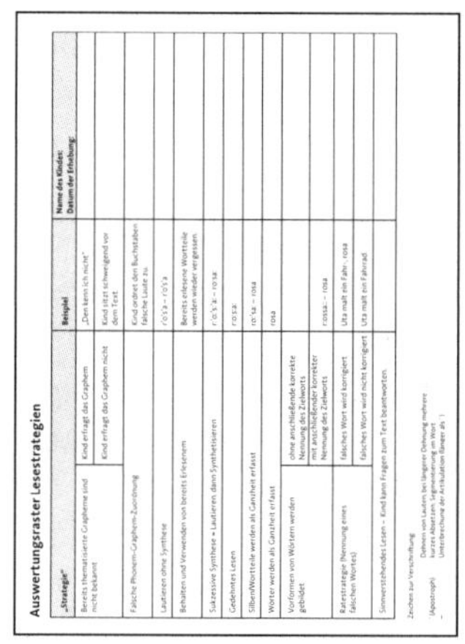

Kopiervorlage 11

Arbeitsanweisung: „Ich habe ein Rätsel für dich. In dem Rätsel geht es um Tiere. (Sag mir mal ein paar Tiere, die du kennst!)"

Die Lehrerin legt die Textkarte, Karten mit Tiernamen und Anleitungsklappbuch vor das Kind. „Das alles brauchst du, um das Rätsel zu lösen. Hier in dem kleinen Buch steht, was du machen sollst. Klapp es auf und lies laut vor! Wenn du etwas noch nicht allein schaffst, kannst du mich fragen. Ich helfe dir."

Das Kind liest die Aufgabenstellung laut vor und führt sie aus. Falsche Lösungen der Rätsel werden von der Lehrerin nicht kommentiert, da das Kind bei der Selbstkontrolle am Schluss selbst auf Fehler aufmerksam wird. Dabei ist es wichtig zu beobachten, wie das Kind mit dieser Rückmeldung umgeht. Startet es neue Leseversuche oder reagiert es hilflos oder frustriert? Wenn das Kind von alleine keinen neuen Leseversuch startet, fordert die Lehrerin es hierzu auf: „Lies das Rätsel noch einmal!“

Interaktion zwischen Lehrerin und Kind während des Lesens: Die Bearbeitung der Leseaufgabe wird als fördernde Dialogsituation gesehen, die Hinweise dafür gibt, wie ein Kind mit Lehrerhilfen umgehen kann. Das Kind soll ermutigt werden, selbstständig vorzugehen. Zunächst wird dem Kind Zeit für eigenständige Versuche und Korrekturen gegeben, und es wird nicht zu schnell mit einer Hilfestellung reagiert. Wenn beim Lösen des Rätsels zunächst eine falsche Wortkarte gewählt wird, soll nicht eingegriffen werden, um die Vorgehensweise des Kindes bei der Rückmeldung durch die Selbstkontrolle beobachten zu können.

Folgende Formen der Hilfestellung haben sich als hilfreich erwiesen:

- Rückmeldung/Impuls ohne zusätzliche Sachinformation: „Versuch es noch einmal!“, „Schau dir das Wort noch einmal an!“
- Steuernde Hinweise: „Wie heißt der erste Buchstabe?“, „Ich zeige dir jetzt nur die ersten beiden Buchstaben/die erste Silbe.“ (Rest des Wortes abdecken, z. B. bei Ba-na-ne), „Wie könnte das Wort heißen?“, „Lies noch einmal, was du bis jetzt gelesen hast!“
- Informierende Hilfen: Gelingt es einem Kind nicht, von der Wortvorform zum sinnvollen Wort zu kommen, können Hinweise auf die Bedeutung gegeben werden, z. B.:

  Banane: „Das frisst das Tier gern.“ oder „Das ist ein Obst“.
  grau: „Da steht, welche Farbe das Tier hat.“
  Rüssel: „So nennt man die Nase des Tieres.“

  Gelingt es einem Kind trotz mehrmaliger Versuche nicht, ein Wort zu erlesen, ist es sinnvoll, dieses Wort einfach zu sagen, damit das Lesen weitergeht. Eine gute Hilfestellung ist auch, wenn das wiederholt wird, was das Kind schon gelesen hat, um so eine Sinnstütze zu geben.

  Zeigt das Kind Unsicherheiten bei Buchstaben, kann der Laut genannt werden, z. B. das [r] in Rüssel oder das [i:] bei Tier.
- Nonverbale Hilfen: Nonverbale Hilfen wie Kopfbewegungen (Nicken, Kopf schütteln) oder Zeigen mit dem Finger oder Stift können bei der Auswertung des Tonbandes nicht registriert werden. Daher sollten sie schriftlich festgehalten oder im Anschluss an das Lesen als Bemerkung auf das Band gesprochen werden.

Erläuterungen zum Auswertungsraster vgl. Füssenich/Löffler 2008, 3.3.3.

Anweisung zur Materialherstellung: Kopieren Sie die Vorlage für die Rätselkarte mit den sechs Rätseln auf gelbes (festes) Papier, die 12 Kärtchen mit den Tiernamen auf grünes.

Das Lösungsbild soll auf die Rückseite der richtigen Lösungskarten kopiert werden, so dass die sechs Teile des Elefanten auf den sechs Karten mit den richtigen Lösungen abgebildet sind. Bei korrekter Lösung des Rätsels entsteht so ein vollständiges Bild.

Zur besseren Haltbarkeit können alle Karten mit Folie beklebt werden.

Die Anleitung kann als Klappbuch gestaltet werden. Vergrößern Sie die Kopiervorlage auf DIN A3 und kopieren Sie die Vorlage mit der Anleitung ebenfalls auf farbiges (festes) Papier. Wenn Sie die Seiten des Klappbuches laminieren möchten, sollten Sie dies vor dem Zerschneiden tun. Zerschneiden Sie den Bogen in sechs Teile und binden Sie die Seiten mit einer Spirale zu einem kleinen Heft.

4.6 Verfassen von Texten: „Schellen-Engel“

Kopiervorlage 25

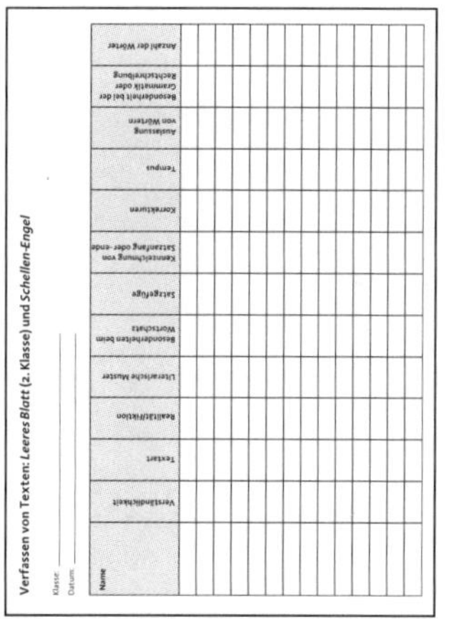

Kopiervorlage 26

Zeitpunkt der Durchführung: Mai

Ziel: Ermittlung der Fähigkeiten beim eigenständigen Verschriften (Füssenich/Löffler 2008, 4.2.1)

Durchführungshinweise: Diese Aufgabe kann ergänzend eingesetzt werden. Es ist jeder Lehrerin selbst überlassen, wie sie das Bild „Schellen-Engel“ von Paul Klee als Schreib- und Malanlass einführt. Es bietet sich an, die Texte von Kindern aus der ganzen Welt als Einstieg zu wählen oder ein Kinderbuch über Paul Klee (Rabkin 1995). Es ist erforderlich, den Begriff „Schelle“ als Ausdruck der Schweizer für „Glocke“ zu klären. Die Kinder sollten auch genügend Zeit haben, dass sie sowohl malen als auch schreiben können.

4.7 Lesen (Sinnverständnis): Sachtext „Feuerwehr“

Zeitpunkt der Durchführung: Juni

Ziel: Überprüfung des sinnverstehenden Lesens (Füssenich/Löffler 2008, 4.2.3)

Durchführungshinweise: Die Schülerinnen sollen die Aufgabe einzeln und selbstständig bearbeiten. Sie erhalten die Textvorlage und das Arbeitsblatt mit den Fragen zum Text.

Die Feuerwehr kommt

Sabine und Lukas spielen
auf dem Spielplatz.
Neben dem Spielplatz steht ein Haus.
Sabine ruft:
„Aus dem Fenster kommt Rauch!“
Lukas sagt:
„Wir müssen die Feuerwehr rufen.“

Sie rennen zu einem Telefonhäuschen.
Lukas ruft die Feuerwehr.
Das Feuerwehrauto kommt schnell.
Die Feuerwehrmänner rennen
in das Haus.
Der Rauch kommt
aus der Wohnung von Frau Müller.
Frau Müller ist nicht zu Hause.
Sie hat vergessen,
ihren Herd auszumachen.
Jetzt ist die Suppe angebrannt.

Ein Feuerwehrmann schaltet
den Herd aus.
Er zieht den Suppentopf
vom Herd runter.

Frau Müller kommt zurück
und sieht, was los ist.
Sie sagt zu Sabine und Lukas:
„Vielen Dank!
Ich lade euch zu einem Eis ein.“

Kopiervorlage 27

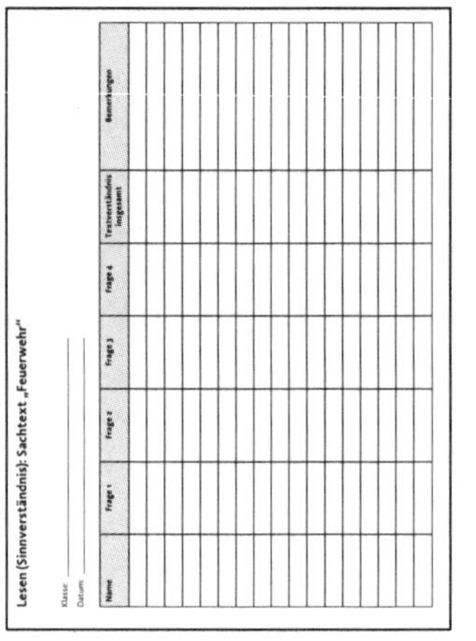

Kopiervorlage 28

Anhang

Quellennachweise

S. 8–12, 13 15f. 22–33, 35–37, 46–48 Die Anlautaufgabe, die Beobachtungsaufgabe „Alphabetisches Schreiben" sowie einige der Beobachtungsaufgaben für die Einschulung sind nach der Idee von: Füssenich, Iris; Löffler, Cordula (2003a): Erwerb des alphabetischen Schreibens: Aufgaben für die Überprüfung des Entwicklungsstands bei der Einschulung, im ersten und zweiten Schuljahr. Praxis Grundschule, 26, Heft 3, 4–17

–; – (2003b): Lern- und Lehrprozesse beim alphabetischen Schreiben. Grundschule, 35, Heft 5, 9–12

S. 24, 30 Wir danken folgenden Firmen für die Abdruckgenehmigungen: Daimler AG, Ferrero, Langnese-Iglo GmbH, LEGO GmbH (® LEGO und die LEGO Logos sind geschützte Markenzeichen der LEGO Gruppe), McDonald's Deutschland Inc., RTL Television GmbH

S. 13f., 15, 16f., 38–40, 42, 52–56 Tierrätsel 1 und 2, Leseaufgabe „Fisch" nach der Idee von: Crämer, Claudia (2000): „Nicht-s? – Ah, nix!" Diagnose und Förderung des sinnverstehenden Lesens. Grundschule 7–8, 39–49 (in Zusammenarbeit mit den Autorinnen)

S. 17, 57 „Schellen-Engel" von Paul Klee aus: Rabkin, Gabriele (1992): Schreiben. Malen. Lesen. Wege zur Kultur. Klett, Stuttgart

S. 18, 59–61 Sachtext „Feuerwehr": Idee und Konzept von Claudia Crämer (in Zusammenarbeit mit den Autorinnen), modifiziert erschienen in: Crämer, Claudia (2005): Schwierig zu lesen? Ja, aber für jedes Kind anders. In: Grundschule, 4, 44–49

Literatur

Crämer, Claudia (2000): „Nicht-s? – Ah, nix!" Diagnose und Förderung des sinnverstehenden Lesens. Grundschule, 32, 7–8, 39–49

Dehn, Mechthild; Hüttis-Graff, Petra (2006): Zeit für die Schrift II. Beobachtung und Diagnose. Cornelsen Scriptor, Berlin

Füssenich, Iris; Löffler, Cordula (2003a): Erwerb des alphabetischen Schreibens: Aufgaben für die Überprüfung des Entwicklungsstands bei der Einschulung, im ersten und zweiten Schuljahr. Praxis Grundschule, 26, Heft 3, 4–17

–; – (2003b): Lern- und Lehrprozesse beim alphabetischen Schreiben. Grundschule, 35, Heft 5, 9–12

–; – (2008): Schriftspracherwerb. Einschulung, erstes und zweites Schuljahr. 2., durchgesehene Auflage. Ernst Reinhardt Verlag, München/Basel

May, Peter (2002): Hamburger Schreib-Probe HSP 1–9. Diagnose orthographischer Kompetenz zur Erfassung der grundlegenden Rechtschreibstrategien. Handbuch. 6., aktualisierte und erweiterte Auflage. Vom Verlag pädagogische Medien, Hamburg

Rabkin, Gabriele (1992): Schreiben. Malen. Lesen. Wege zur Kultur. Klett, Stuttgart

– (1995): Anregungen zum freien Schreiben und Gestalten. Behörde für Schule, Jugend und Berufsbildung der Freien und Hansestadt Hamburg und dem UNESCO-Institut für Pädagogik in Hamburg (Hrsg.). Stuttgart/Dresden

–; Arntzen, Helga; Zingel, Antje; Wolgast, Katharina (Hrsg.) (1998): Fantasien von Kindern aus aller Welt. Klett, Stuttgart

Informationen zu den Schulanfängerinnen und Schulanfängern

Name der Schülerin/des Schülers: ____________________

Klassenlehrer/in: ____________________ Klasse: __________

Schule: ____________________ Datum: __________

Geschwisteranzahl: ____________________

Erstsprache: ____________________

Familiensprache: ____________________

Weitere Sprache(n): ____________________

Herkunftsland der Familie: ____________________

Aufgewachsen in: ____________________

In Deutschland seit: ____________________

Elementarbereich:

Besuch eines (Sonder-)Kindergartens ○ ja ○ nein

Zurückstellung ○ ja ○ nein

Grundschulförderklasse („Vorklasse“) ○ ja ○ nein

Wiederholung einer Klasse ○ ja ○ nein

Therapie/Förderung (Sprachförderung/-therapie, Ergotherapie usw.) ○ ja ○ nein

Wenn ja, welche? ____________________

Förderung in der Erstsprache ○ ja ○ nein

Förderung parallel zur Einschulung:

Nachhilfe ○ ja ○ nein

Sonstige Therapien / Förderung? ○ ja ○ nein

Wenn ja, welche? ____________________

Was Ihnen bei diesem Kind noch wichtig ist ____________________

Informationen zu Schülerinnen und Schülern

Name der Schülerin/des Schülers: ______________________

Klassenlehrer/in: ______________ Klasse: ________

Schule: ______________ Datum: ________

Geschwisteranzahl: ______________________

Erstsprache: ______________________

Familiensprache: ______________________

Weitere Sprache(n): ______________________

Herkunftsland der Familie: ______________________

Aufgewachsen in: ______________________

In Deutschland seit: ______________________

Elementarbereich:

Besuch eines (Sonder-)Kindergartens ○ ja ○ nein

Zurückstellung ○ ja ○ nein

Grundschulförderklasse („Vorklasse“) ○ ja ○ nein

Wiederholung einer Klasse ○ ja ○ nein

Therapie/Förderung (Sprachförderung/-therapie, Ergotherapie usw.) ○ ja ○ nein

Wenn ja, welche? ______________________

Förderung in der Erstsprache ○ ja ○ nein

Förderung parallel zum Unterricht:

Nachhilfe ○ ja ○ nein

Sonstige Therapien / Förderung? ○ ja ○ nein

Wenn ja, welche? ______________________

Was Ihnen bei diesem Kind noch wichtig ist ______________________

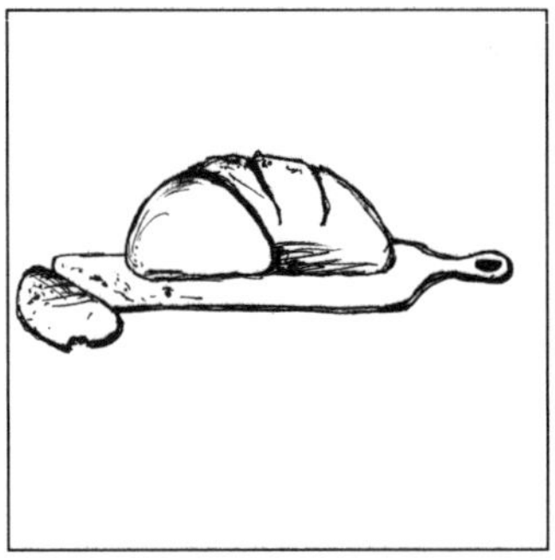

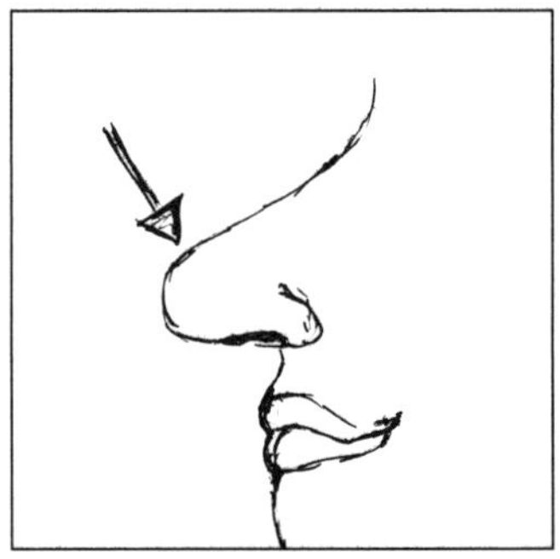

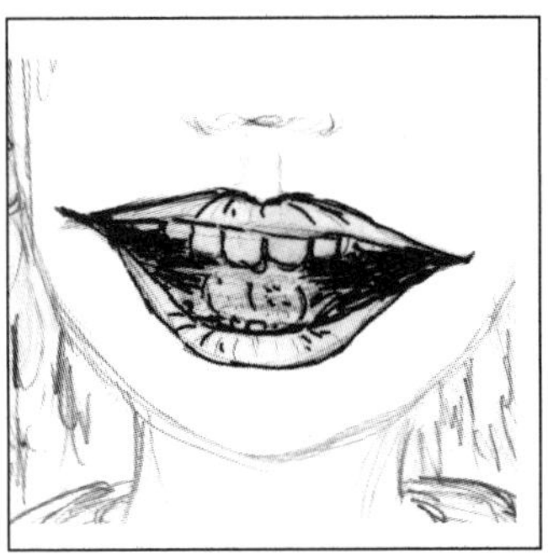

SONNE	BROT	REGENSCHIRM
NASE	HUND	HASE
SCHMETTERLING	BÄR	HUT
EIS	PUPPE	BOOT
	MOND	MUND

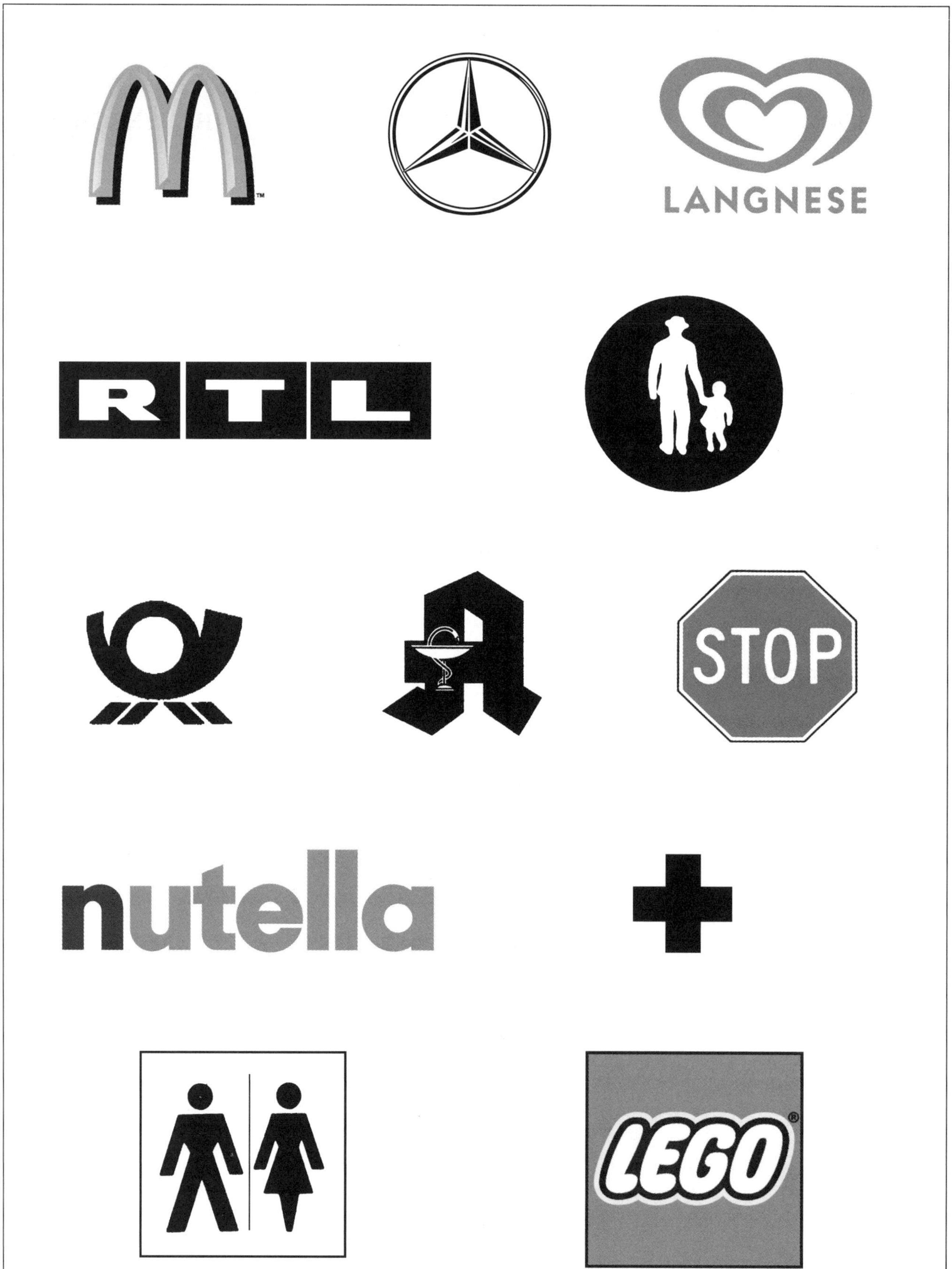

* Diese Embleme sind auf der Umschlaginnenseite hinten farbig abgedruckt.

526	**5**	1	***21***
936	***87***	**K**	S
D	**A**	E	R
HAUS	SONNE	BALL	LATERNE
MAMA	**APFEL**		

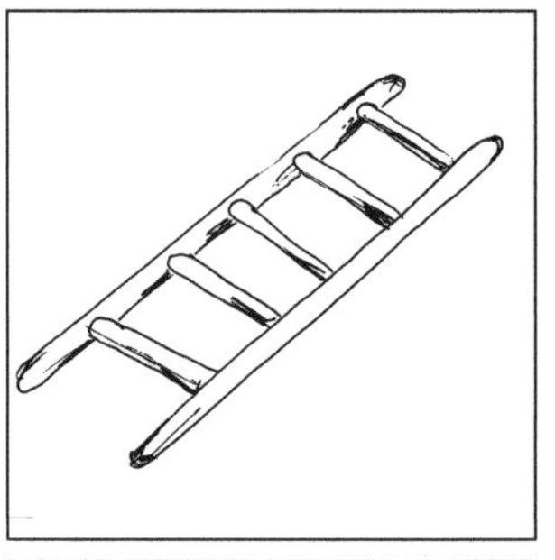

16.10

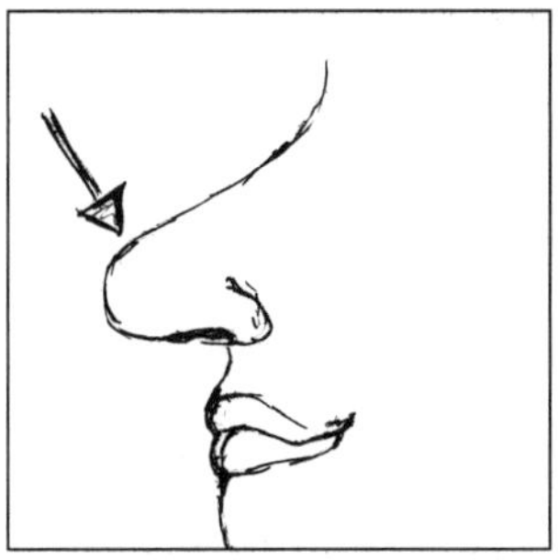

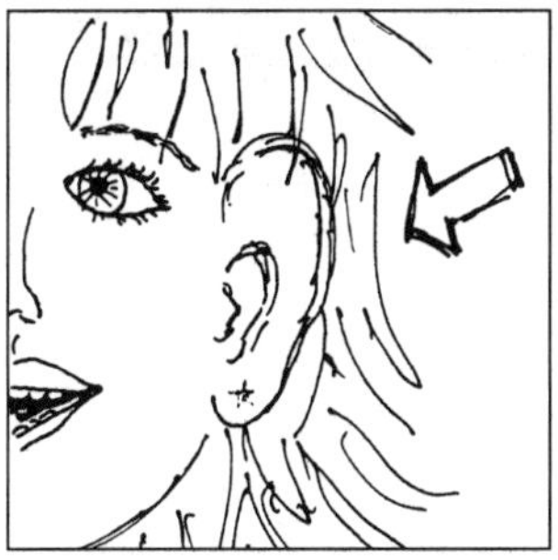

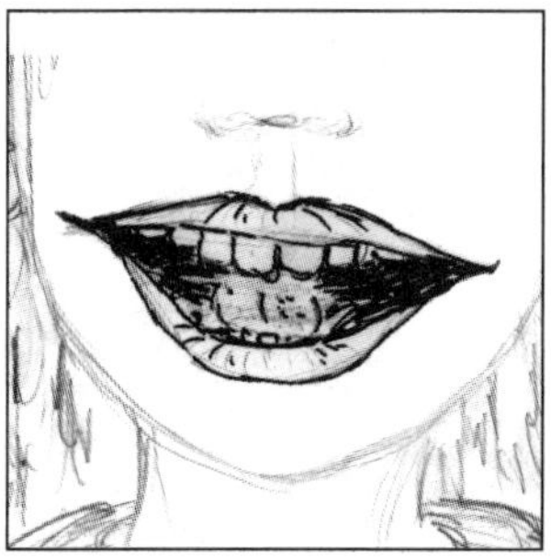

H

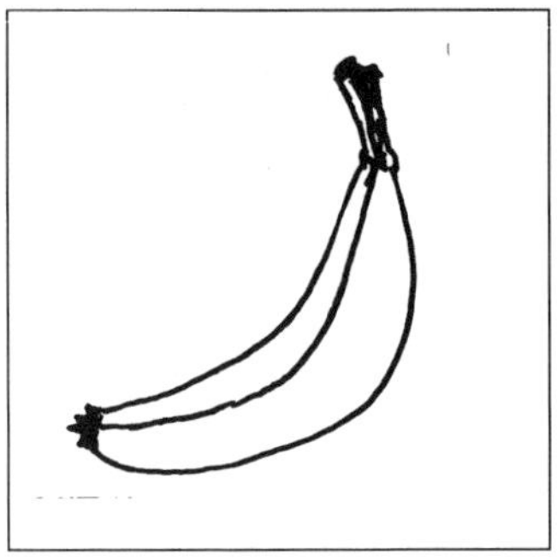

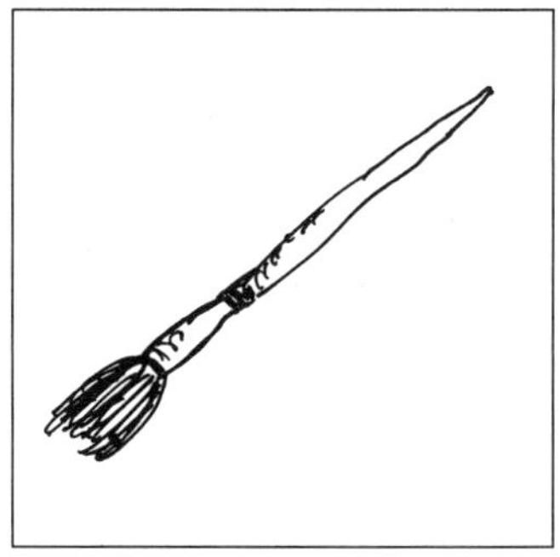

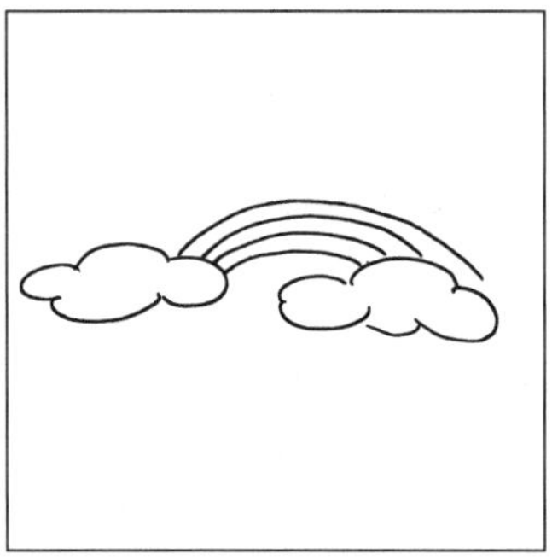

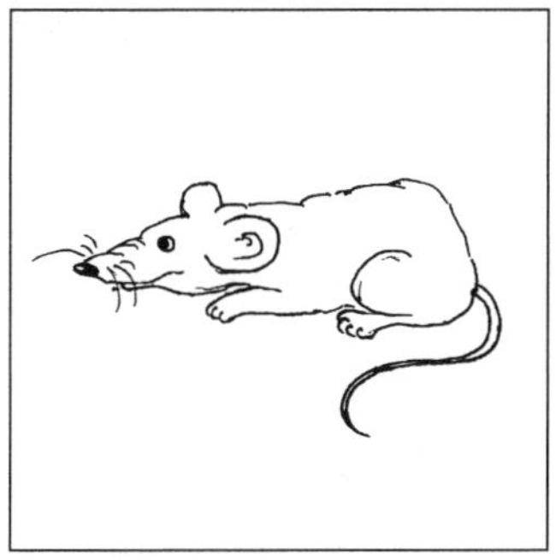

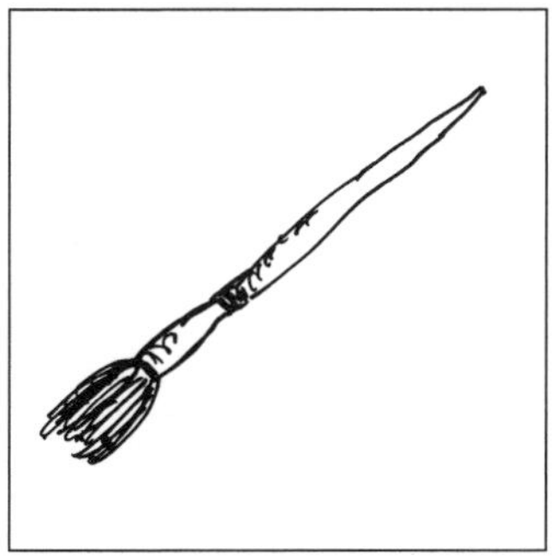
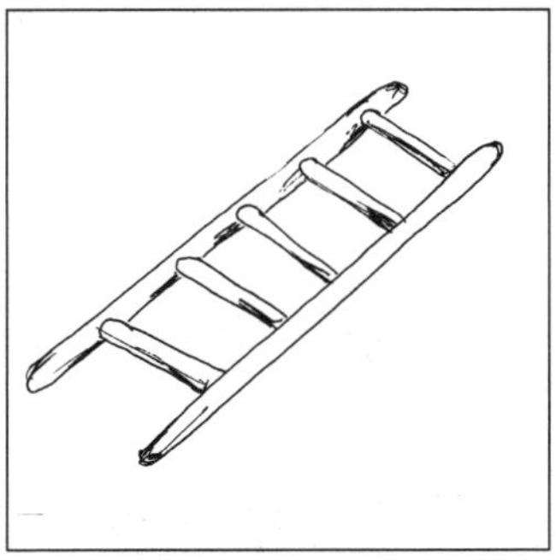

Beobachtungsaufgaben für die Einschulung

Name des Kindes: ______________________ Geburtstag: __________ Alter: ________

Erst-/Zweit-/Familiensprache: ______________________________

Schule: ______________________________

Klassenlehrer/in: ______________________ Datum: __________

Gezinktes Memory

Hat das Kind die Schrift als Hilfsmittel benützt? ☐ Ja ☐ Nein

Kommentar: ______________________________

____

____

____

Erklärung des Kindes: ______________________________

____

____

____

____

Embleme lesen

Anzahl der Richtigen ☐

McDonald's	☐	________
Mercedes	☐	________
RTL	☐	________
Langnese	☐	________
Apotheke	☐	________
Fußgängerweg	☐	________
Post	☐	________
Stoppschild	☐	________
Rotes Kreuz	☐	________
Nutella	☐	________
WC	☐	________
LEGO	☐	________

abweichende Nennungen des Kindes bitte notieren

Reihenfolge der Embleme notieren

Leeres Blatt

1. Eigenes geschrieben ______
2. Geübtes/auswendig Gelerntes geschrieben ______
3. Einzelne Buchstaben geschrieben ______
4. Keine Wörter oder Buchstaben geschrieben ______
5. Nichts geschrieben ______

______

Zeichen kategorisieren	Richtig	Falsch
Zuordnung zu Buchstaben	______	______
Zuordnung zu Wörtern	______	______
______	______	______
Zuordnung zu Zahlen	______	______

Kommentar: ______

______

______ richtige Kategorien ☐☐☐

______

Reime erkennen

Übungsitem: **Wal** – **Schal** – Mütze

Anzahl der Richtigen ☐

Haus – **Maus** – Bär ☐
Wurm – Leiter – **Turm** ☐
Keller – **Teller** – Eis ☐
Sonne – Mond – **Tonne** ☐
Löffel – **Suppe** – **Puppe** ☐
Kasse – Glas – **Tasse** ☐
Nase – **Hase** – Auge ☐
Ohr – **Hund** – **Mund** ☐
Nuss – Auto – **Bus** ☐
Mantel – **Dose** – **Hose** ☐

Einordnung:

Kind kann Bilder richtig benennen	☐ Ja	☐ Nein
Mindestens 8 richtig zugeordnet	☐ Ja	☐ Nein
Semantisch zugeordnet	☐ Ja	☐ Nein
Ratestrategie	☐ Ja	☐ Nein

______

Silbensegmentierung

Übungsitem: Ba-na-ne
Man-tel
Hund

Anzahl der Richtigen ☐

To-ma-te ☐ ____________________
Au-to ☐ ____________________
Pin-sel ☐ ____________________
Bus ☐ ____________________
Re-gen-bo-gen ☐ ____________________
Lo-ko-mo-ti-ve ☐ ____________________
A-na-nas ☐ ____________________
Haus ☐ ____________________
Scho-ko-la-de ☐ ____________________
Pa-pa-gei ☐ ____________________

Einordnung:

Kind kann Bilder richtig benennen	☐ Ja	☐ Nein
einsilbige Wörter	☐ richtig	☐ falsch segmentiert
zweisilbige Wörter	☐ richtig	☐ falsch segmentiert
dreisilbige Wörter	☐ richtig	☐ falsch segmentiert
vier-/fünfsilbige Wörter	☐ richtig	☐ falsch segmentiert

(fehlende Silben durchstreichen, richtige Segmentierung durch ☒ markieren)

Phonemanalyse (Anlaute)

Übungsitems: d – Dach
o – Ente

Anzahl der Richtigen ☐

1. e – Maus ☐ Ja ☐ **Nein**
2. s – Sonne ☐ **Ja** ☐ Nein
3. a – Ameise ☐ **Ja** ☐ Nein
4. f – Hund ☐ Ja ☐ **Nein**
5. i – Igel ☐ **Ja** ☐ Nein
6. p – Pinsel ☐ **Ja** ☐ Nein
7. r – Oma ☐ Ja ☐ **Nein**
8. l – Leiter ☐ **Ja** ☐ Nein
9. t – Giraffe ☐ Ja ☐ **Nein**
10. m – Löwe ☐ Ja ☐ **Nein**

(gewählte Antwort des Kindes ankreuzen bzw. notieren)

Einordnung:

Kind kann Bilder richtig benennen	☐ Ja	☐ Nein
Mindestens 8 richtig beantwortet	☐ Ja	☐ Nein
Ratestrategie	☐ Ja	☐ Nein

Beobachtungsaufgaben für die Einschulung

Schule: ______________________________

Klasse: ______________________________

Erhebungszeitraum: ______________________________

Ergebnisse der Beobachtungsaufgaben für die Einschulung (Anzahl der Richtigen in Klammern)

Name	Zusatzinfo*	Leeres Blatt**	Zeichen (B, Z, W)	Gezinktes Memory	Embleme (12)	Reimen (10)	Silben (10)	Anlaute (10)

* Zusatzinfo: Zurückstellung, Wiederholung des Schuljahres, Angaben zu Erst- und Zweitsprache etc.

** Kategorisierung: Eigenes, auswendig Gelerntes, einzelne Buchstaben, keine Wörter oder Buchstaben geschrieben; nichts geschrieben

Auswertungsraster Lesestrategien

„Strategie“		Beispiel	Name des Kindes: Datum der Erhebung:
Bereits thematisierte Grapheme sind nicht bekannt	Kind erfragt das Graphem	„Den kenn ich nicht“	
	Kind erfragt das Graphem nicht	Kind sitzt schweigend vor dem Text.	
Falsche Phonem-Graphem-Zuordnung		Kind ordnet den Buchstaben falsche Laute zu.	
Lautieren ohne Synthese		r'o's'a – r'o's'a	
Behalten und Verwenden von bereits Erlesenem		Bereits erlesene Wortteile werden wieder vergessen.	
Sukzessive Synthese = Lautieren, dann Synthetisieren		r:'o:'s:'a: – ro:sa:	
Gedehntes Lesen		r:o:s:a:	
Silben/Wortteile werden als Ganzheit erfasst		ro:'sa: – rosa	
Wörter werden als Ganzheit erfasst		rosa	
Vorformen von Wörtern werden gebildet	ohne anschließende korrekte Nennung des Zielworts		
	mit anschließender korrekter Nennung des Zielworts	r:ossa:: – rosa	
Ratestrategie (Nennung eines falschen Wortes)	falsches Wort wird korrigiert	Uta malt ein Fahr-, rosa	
	falsches Wort wird nicht korrigiert	Uta malt ein Fahrrad.	
Sinnverstehendes Lesen – Kind kann Fragen zum Text beantworten.			

Zeichen zur Verschriftung:

:	Dehnen von Lauten; bei längerer Dehnung mehrere : : :
' (Apostroph)	kurzes Absetzen; Segmentierung im Wort
–	Unterbrechung der Artikulation (länger als ')

Füssenich/Löffler, Materialheft Schriftspracherwerb. Ernst Reinhardt Verlag 2005, 2009 (in Anlehnung an: Dehn/Hüttis-Graff (2006): Zeit für die Schrift II. Beobachtung und Diagnose. Cornelsen Scriptor, Berlin

Name: ____________________
Datum: ____________________
Klasse: ____________________

___ffe

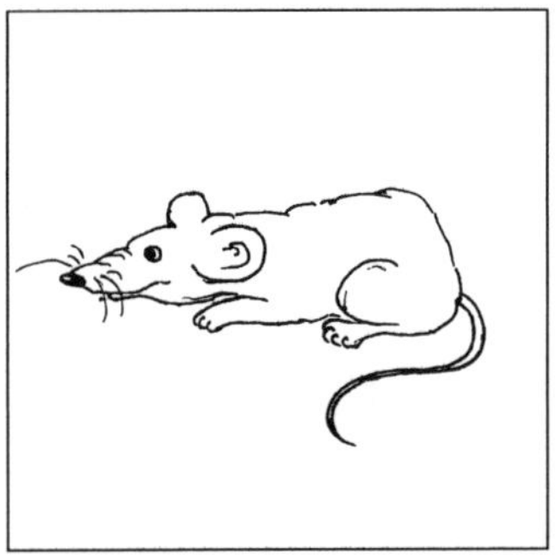

___aus

___isch

___fen

___gel

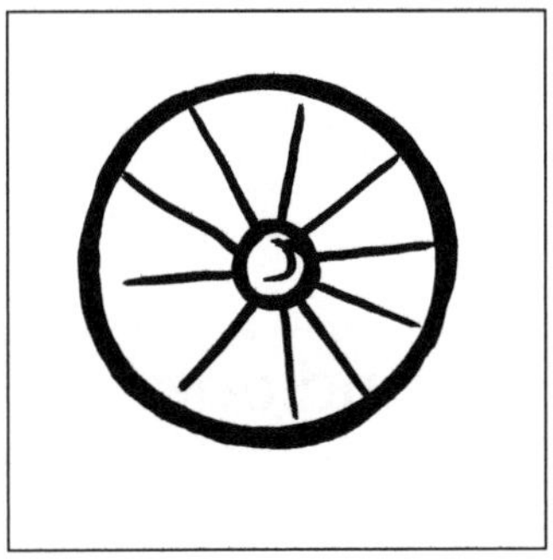

___ad

___ampe

___onne

___enster

___hr

Name: ______________________

Datum: ______________________

Klasse: ______________________

___nanas

___ond

___elefon

___ma

___ndianer

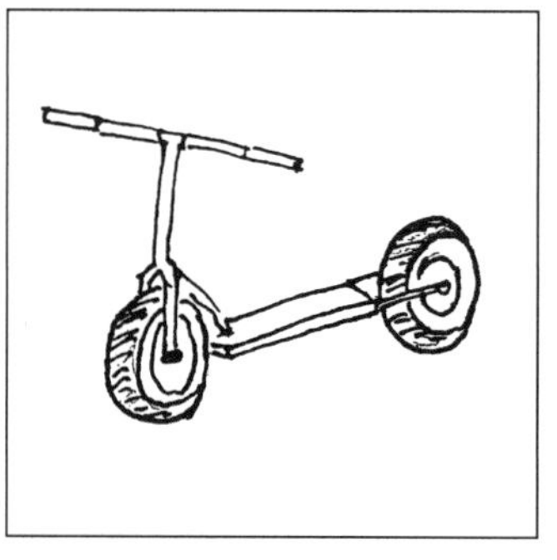

___oller

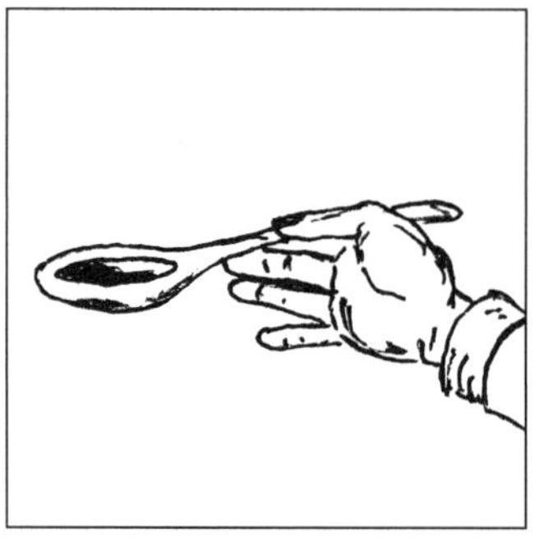

___öffel

___äge

___isch

___hu

Anlautaufgabe

Klasse: ______________________________

Datum: ______________________________

Name	Anlaute korrekt verschriftet	Anlaute ersetzt durch	schreibmotorische Fähigkeiten

die Ameise	die Ente

Das Tier mag Bananen.	Das Tier ist grau. Das Tier hat einen Rüssel.

der Affe

der Elefant

der Adler

der Esel

Sil ben ka pi tä ne

Selbst lau te

Name: ____________________

Datum: ____________________

Klasse: ____________________

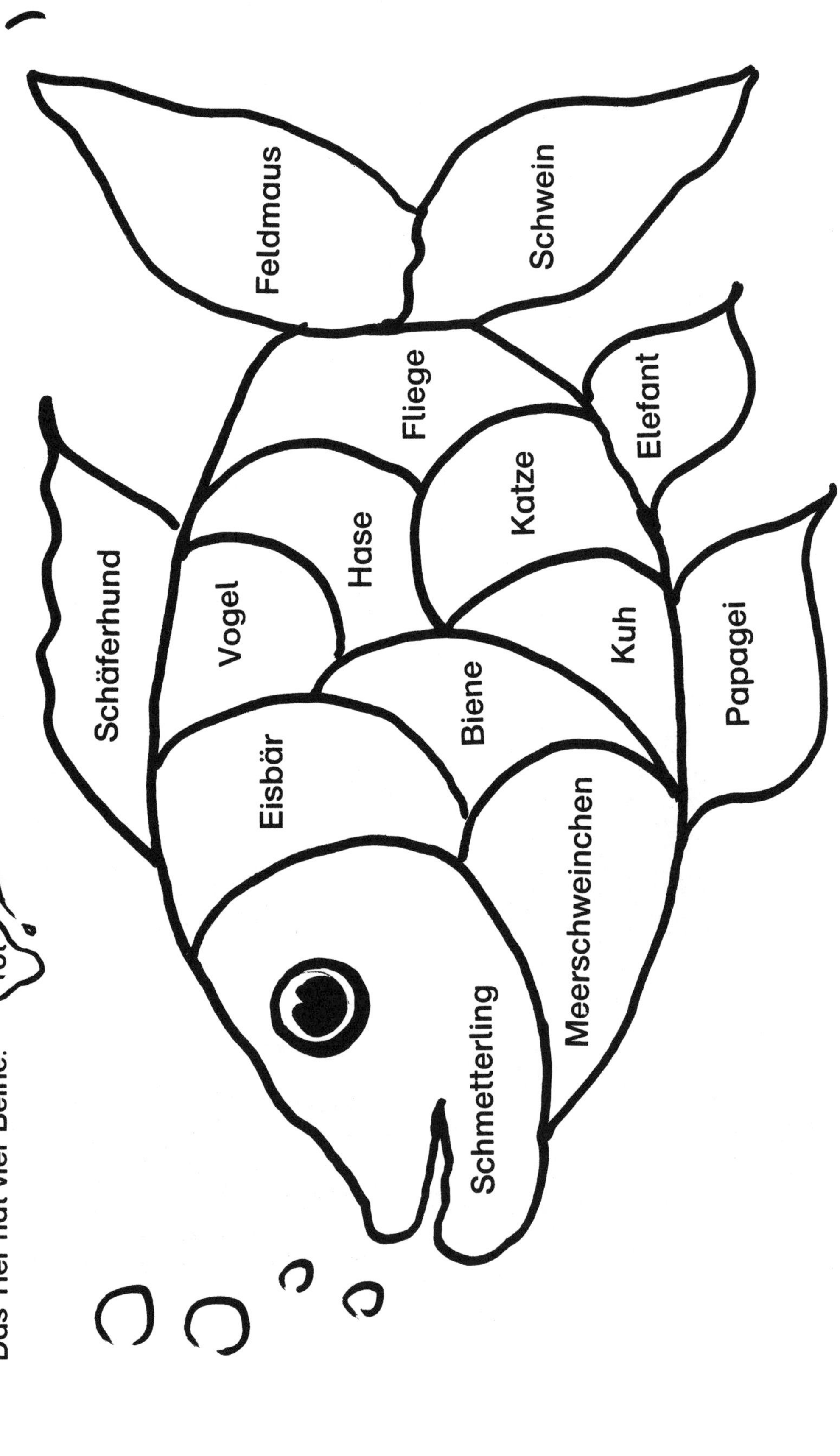

Mal den Fisch an!

Das Tier kann fliegen.

Das Tier hat vier Beine.

Füssenich/Löffler, Materialheft Schriftspracherwerb. Ernst Reinhardt Verlag 2005, 2009 (in Zusammenarbeit mit Crämer, Claudia (2000): „Nicht-s? – Ah, nix!“ Diagnose und Förderung des sinnverstehenden Lesens. Grundschule, 32, 7–8, 43)

Leseaufgabe „Fisch“

Name des Kindes: ______________________

Klasse: ______________________

Datum: ______________________

Tier	bek.	unbek.	Bemerkungen
1. Kuh			
2. Vogel			
3. Elefant			
4. Schwein			
5. Papagei			
6. Meerschweinchen			
7. Fliege			
8. Schmetterling			
9. Hase			
10. Schäferhund			
11. Eisbär			
12. Katze			
13. Feldmaus			
14. Biene			

Name: ______________

Datum: ______________

Verfassen von Texten: „Das mag ich! Das mag ich nicht!“

Klasse: ______________________

Datum: ______________________

Name	Einzelne Wörter/ Satz/ Sätze geschrieben	Verständlichkeit	Markierung von Wortgrenzen	Vollständigkeit von Sätzen	Markierung von Sätzen (Satzanfang groß oder/und Punkt am Ende)	Primäre Rechtschreibstrategie	Anzahl der Wörter	Korrekturen (Radierungen, Ersetzungen …)

Name: ______________________

Datum: ______________________

Klasse: ______________________

Ordne die Silben und schreibe die Wörter auf!

SCHIRM GEN RE

____

LING TER SCHMET

____

CHEN TAGS GE BURTS KU

____

ME DE MAR LA

____

GEI PA PA

____

Füssenich/Löffler, Materialheft Schriftspracherwerb. Ernst Reinhardt Verlag 2005, 2009 (in Anlehnung an Füssenich/Löffler (2003a): Erwerb des alphabetischen Schreibens: Aufgaben für die Überprüfung des Entwicklungsstands bei der Einschulung, im ersten und zweiten Schuljahr. Praxis Grundschule, 26, Heft 3, 16)

Name:
Datum:
Klasse:

Schreibe die Wörter

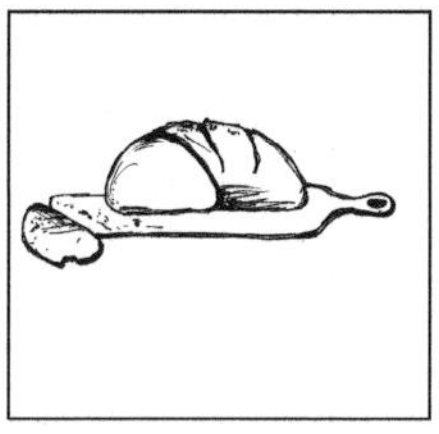

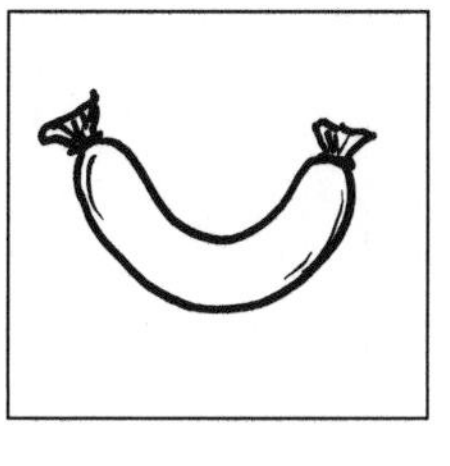

Füssenich/Löffler, Materialheft Schriftspracherwerb. Ernst Reinhardt Verlag 2005, 2009 (in Anlehnung an Füssenich/Löffler (2003a): Erwerb des alphabetischen Schreibens: Aufgaben für die Überprüfung des Entwicklungsstands bei der Einschulung, im ersten und zweiten Schuljahr. Praxis Grundschule, 26, Heft 3, 17)

Alphabetisches Schreiben

Name	Silben sortieren	Richtig geschriebene Wörter (v. 14)	Reduzierung von Mehrfachkonsonanz	Auslassung von (ähnlichen) Silben	Lautangleichungen (Assimilationen)	Vertauschung der Reihenfolge von Graphemen	Auslassung von Graphemen	Verwechslung von stimmhaften/stimmloses Konsonanten	Verwechslung (weiterer) ähnlicher Vokale und Konsonanten	Falsche Phonem-Graphem-Zuordnung	Anwendung von RS-Regeln (Übergeneralisierung)

Name: ____________
Datum: ____________
Klasse: ____________

1. Schreibe deinen Namen auf und wo du wohnst!

Name: ____________________

Straße: ____________________

Wohnort: ____________________

2. Unterstreiche die Wörter, die sich reimen!

Beispiel: Sonne – Mond – Tonne

Schal – Wal – Mütze

Wurm – Leiter – Turm

Keller – Teller – Wetter

Wippe – Suppe – Puppe

Kasse – Kiste – Tasse

Nase – Hase – Auge

3. Schreibe die Wörter so auf:

Beispiel: Tomatensalat → To – ma – ten – sa – lat

Banane ____________________

Marmelade ____________________

Gurke ____________________

Schokolade ____________________

Wassermelone ____________________

4. Schreibe drei Wörter auf, in denen schwimm vorkommt!

Beispiel: Schwimmbecken

____________ ____________ ____________

Name: ____________________
Datum: ____________________
Klasse: ____________________

Schreibe drei Wörter auf, in denen schlaf vorkommt!

Beispiel: einschlafen

5. Tausche den ersten Buchstaben! Es entsteht ein neues Wort!

Beispiel: Rose → Dose

Wand → ____________________

rund → ____________________

Haus → ____________________

Teller → ____________________

6. Bilde aus den Wörtern einen Satz!

Sommer – Schwimmbad

____

Hund – spielen – bellen

____

7. Finde zu jedem Wort das Gegenteil!

Beispiel: groß – klein

kalt ____________________

aufmachen ____________________

Nacht ____________________

einpacken ____________________

Stadt ____________________

nass ____________________

Wissen über Sprache (Sprachreflexion)

Name	Adresse	Reimwörter unter-streichen	Wörter in Silben gliedern	Wortbildung	Austausch von Anfangs-graphemen	Satzbildung	Gegenteil finden

+ richtig gelöst
– fehlerhaft gelöst
+/– teilweise richtig
o Aufgabe offenbar nicht verstanden bzw. nicht bearbeitet

1

Tier-Rätsel

2

Du brauchst:

→1 große Karte

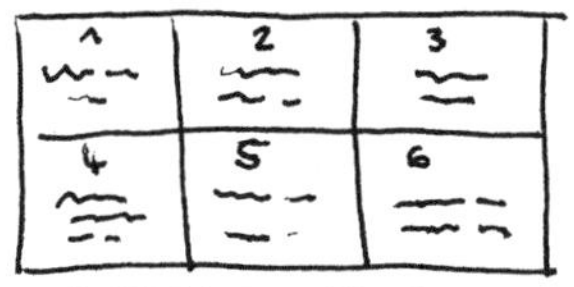

→12 kleine Karten

3

Leg alle kleinen Karten auf den Tisch!

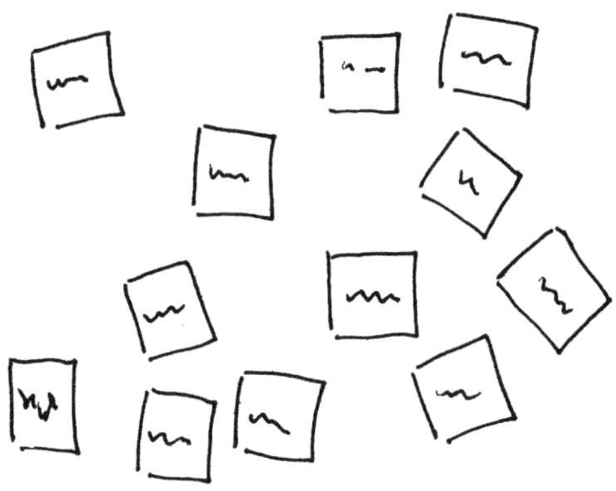

4

Lies die Rätsel auf der großen Karte!

Suche das richtige Tier.

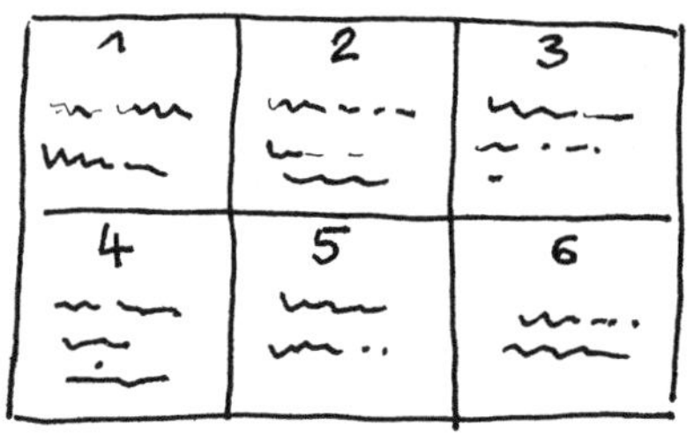

5

Leg die kleine Karte mit dem richtigen Tier auf die große Karte!

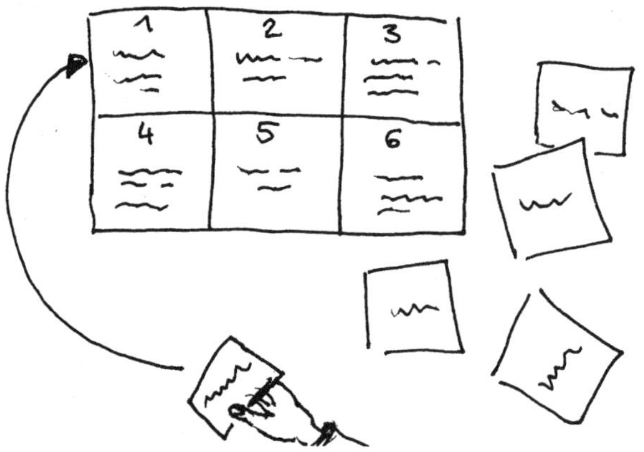

6

Kontrolle:

Dreh die kleinen Karten um! Welches Tier siehst du?

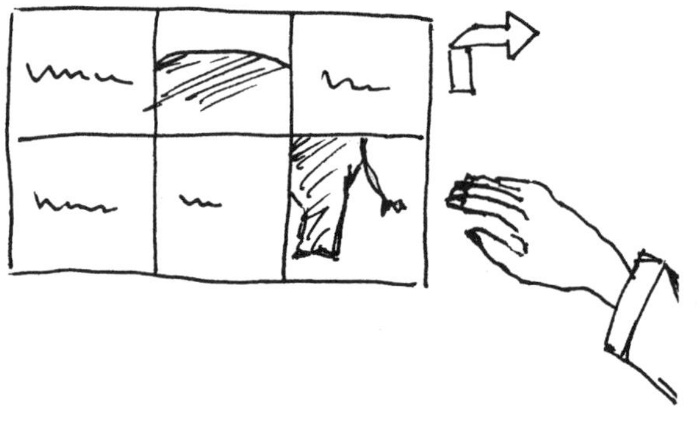

Füssenich/Löffler, Materialheft Schriftspracherwerb. Ernst Reinhardt Verlag 2005, 2009 (in Zusammenarbeit mit Crämer, Claudia (2000): „Nicht-s? – Ah, nix!" Diagnose und Förderung des sinnverstehenden Lesens. Grundschule, 32, 7–8, 47–49)

Füssenich/Löffler, Materialheft Schriftspracherwerb. Ernst Reinhardt Verlag 2005, 2009 (in Zusammenarbeit mit Crämer, Claudia (2000): „Nicht-s? – Ah, nix!" Diagnose und Förderung des sinnverstehenden Lesens. Grundschule, 32, 7–8, 47–49)

1 Das Tier mag gern Bananen.	3 Das Tier ist grün. Es kann gut springen und macht quak.	5 Das Tier lebt meist im Wasser. Es hat ein großes Maul und spitze Zähne.
2 Das Tier ist grau. Das Tier hat einen Rüssel.	4 Das Tier kann weit springen. Es trägt sein Kind in einem Beutel.	6 Das Tier hat einen Schwanz. Es klettert auf Bäume und frisst gern Nüsse.

der Adler	die Eidechse
der Fisch	die Katze
der Esel	der Fuchs

das Krokodil	der Frosch	der Affe
das Eichhörnchen	das Känguru	der Elefant

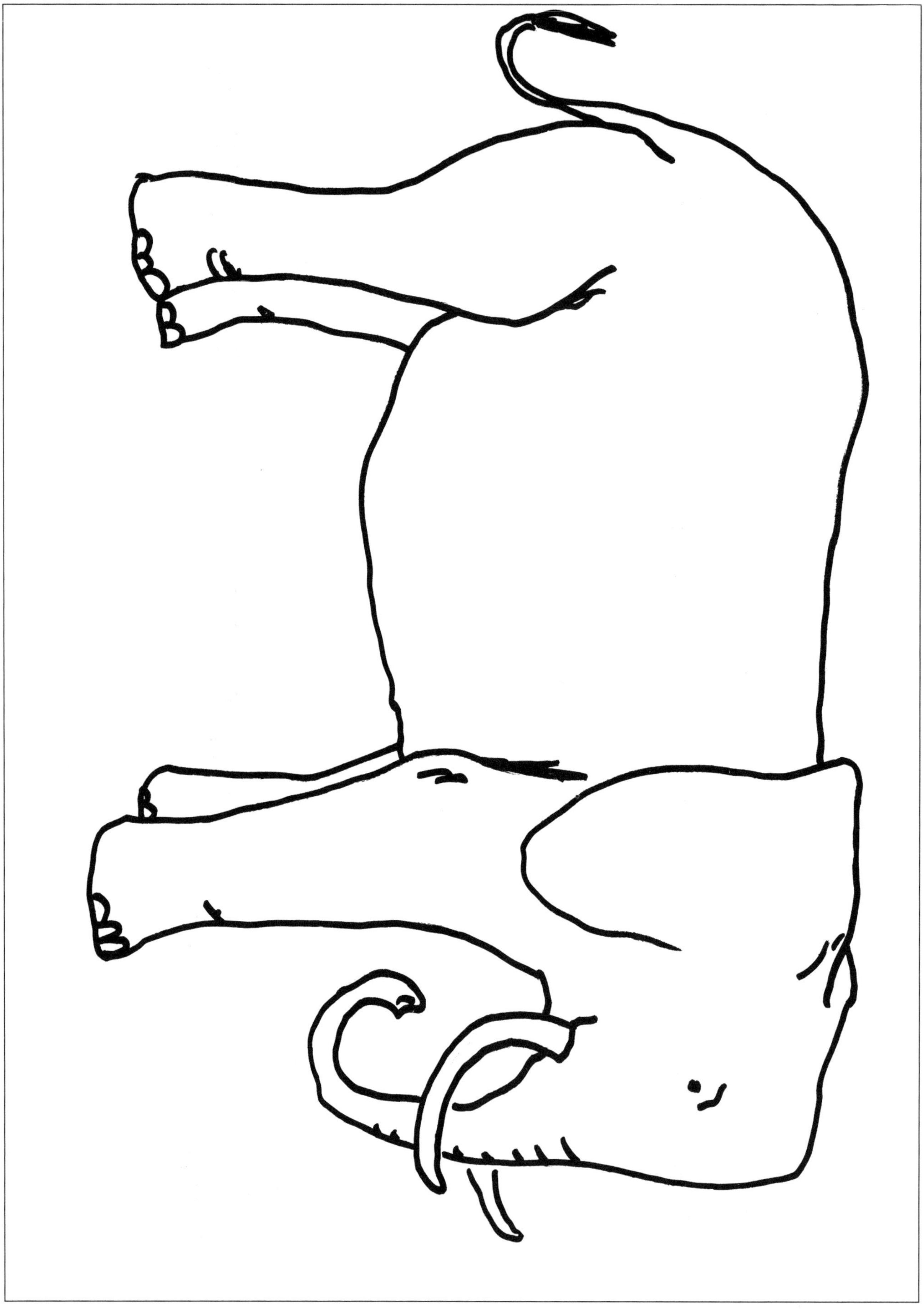

Füssenich/Löffler, Materialheft Schriftspracherwerb. Ernst Reinhardt Verlag 2005, 2009 (in Zusammenarbeit mit Crämer, Claudia (2000): „Nicht-s? – Ah, nix!“ Diagnose und Förderung des sinnverstehenden Lesens. Grundschule, 32, 7–8, 47–49)

Name: ____________________
Datum: ____________________
Klasse: ____________________

Paul Klee, „Schellen-Engel“, 1939

Verfassen von Texten: *Leeres Blatt* (2. Klasse) und *Schellen-Engel*

Klasse: ______________________

Datum: ______________________

Name	Verständlichkeit	Textart	Realität/Fiktion	Literarische Muster	Besonderheiten beim Wortschatz	Satzgefüge	Kennzeichnung von Satzanfang oder -ende	Korrekturen	Tempus	Auslassung von Wörtern	Besonderheit bei der Grammatik oder Rechtschreibung	Anzahl der Wörter

Die Feuerwehr kommt

Sabine und Lukas spielen
auf dem Spielplatz.
Neben dem Spielplatz steht ein Haus.
Sabine ruft:
„Aus dem Fenster kommt Rauch!“
Lukas sagt:
„Wir müssen die Feuerwehr rufen.“

Sie rennen zu einem Telefonhäuschen.
Lukas ruft die Feuerwehr.
Das Feuerwehrauto kommt schnell.
Die Feuerwehrmänner rennen
in das Haus.
Der Rauch kommt
aus der Wohnung von Frau Müller.
Frau Müller ist nicht zu Hause.
Sie hat vergessen,
ihren Herd auszumachen.
Jetzt ist die Suppe angebrannt.

Ein Feuerwehrmann schaltet
den Herd aus.
Er zieht den Suppentopf
vom Herd runter.

Frau Müller kommt zurück
und sieht, was los ist.
Sie sagt zu Sabine und Lukas:
„Vielen Dank!
Ich lade euch zu einem Eis ein.“

Name: ____________
Datum: ____________
Klasse: ____________

Die Feuerwehr kommt!

Name: ______________________ Datum: ____________

Lies die Geschichte und beantworte die Fragen!

1. Was sieht Sabine?

____

____

2. Wer ruft die Feuerwehr?

____

____

3. Warum kommt Rauch aus dem Fenster?

____

____

4. Warum lädt Frau Müller Lukas und Sabine zum Eis ein?

____

____

Lesen (Sinnverständnis): Sachtext „Feuerwehr“

Klasse: ______________________

Datum: ______________________

Name	Frage 1	Frage 2	Frage 3	Frage 4	Textverständnis insgesamt	Bemerkungen

Hans-Joachim Motsch
Kontextoptimierung

Förderung grammatischer Fähigkeiten in Therapie und Unterricht
Unter Mitarbeit von Margit Berg
2., überarb. Aufl. 2006. 243 Seiten. 54 Abb. 5 Tab. Incl. CD-ROM mit über 145 Übungen. (978-3-497-01796-6) kt

Mit Hilfe der Kontextoptimierung können Kinder ihre Blockaden im Grammatikerwerb effektiv überwinden. Dazu wird zunächst der Stand syntaktischer und morphologischer Fähigkeiten ermittelt, bevor angemessene Ziele für den Unterricht bzw. die Therapie eines Kindes oder einer Gruppe von Kindern entwickelt werden. Unter- und Überforderung gehören damit der Vergangenheit an; ebenso die oft eingesetzten „globalen Klassenlösungen", mit denen Kinder nicht gezielt gefördert werden können. Die Erfolge geben dem Autor recht: Spracherwerbsgestörte Kinder können durch Kontextoptimierung in kurzer Zeit grammatische Fähigkeiten erwerben. Mit dem praktisch angelegten Anleitungsbuch für Unterricht und Therapie können sich die professionellen Anwender leicht mit der Kontextoptimierung vertraut machen. Die beiliegende CD-ROM bietet mehr als 140 Übungen für die tägliche Arbeit – insbesondere für die Fächer Deutsch, Mathematik, Heimat- und Sachkunde der Klassen 1 bis 4 mit Arbeitsblättern, Folienvorlagen, Spiel- und Unterrichtsideen.

Margit Berg
Kontextoptimierung im Unterricht

Praxisbausteine für die Förderung grammatischer Fähigkeiten
2008. 206 Seiten. 79 Abb. 2 Tab.
(978-3-497-02024-9) kt

Wie Grammatikförderung mithilfe des kontextoptimierten Unterrichts gelingen kann, zeigt dieses Buch an zahlreichen konkreten Beispielen. Es werden Unterrichtssequenzen für die sprachtherapeutischen Ziele Subjekt-Verb-Kongruenz, Verbzweitstellung im Hauptsatz, Kasuserwerb und Nebensatzerwerb vorgeschlagen. Dabei werden Materialien aus dem Schulalltag, wie Bilderbücher, Lieder und Gedichte, ebenso genutzt wie therapieintegrierende Unterrichtseinheiten zu Sachthemen.

reinhardt
www.reinhardt-verlag.de